KB230522

이들을 보소서

이들을 보소서 개정판

엮은이 이재철
펴낸이 정애주

펴낸날 1982년 12월 7일   초판 발행
        1988년 2월 25일 개정판 발행
        1995년 4월 26일   7쇄 발행
        2011년 12월 9일 개정2판 1쇄 인쇄
        2011년 12월 15일 개정2판 1쇄 발행

펴낸곳 주식회사 홍성사
등 록 1977. 8. 1/제 1-499호
주 소 121-897 서울시 마포구 합정동 369-43
        T. 02-333-5161 F. 02-333-5165
http://www.hsbooks.com E-mail: hsbooks@hsbooks.com

ISBN 978-89-365-0904-0
값 15,000원   잘못된 책은 바꿔 드립니다.

이 들을 보올 소서

이재철 엮음

홍성사.

책머리에

오늘도 기도하셨습니까? 또 '나'와 '내 식구'만을 위한 기도로 그치신 것
은 아닙니까?

우리의 기도가 '나'를 위한 기도로부터 시작되는 것은 당연한 일입니다.
그러나 그 기도는 또한 '타인'을 위한 기도로 승화되지 않으면 안 됩니
다. 왜냐하면 '남'을 위해 기도할 수 있는 자만이 '주님의 뜻이 이루어지
기를' 기도할 수 있기 때문입니다.

일평생 동안 우리의 기도가 '나'만을 위한 수준에 머물러 있다면, 피땀을
흘리기까지 절규하시다가 끝내 '아버지의 뜻'이 이루어지기를 기도하셨던
그분의 제자라 일컬음을 우리가 받을 수는 정녕 없을 것입니다.

이제 여기에, 우리가 그동안 애써 외면하려 했던 우리 이웃들의 삶을 보여
드립니다. 더 이상 피하지 마십시다. 사랑에 목말라하는 그들의 애타는 눈
을 똑바로 쳐다보십시다. 그들이 '나'를 부르는 소리에 다시 귀를 막지는
마십시다.

우리의 가진 것을 모두 함께 나누기로 합시다. 먹을 것, 입을 것, 쓸 것 등을 말입니다. 당신은 가진 것이 없기에 나눌 것이 없다고요? 아닙니다. 당신은 여전히 많이 가지고 있습니다. 당신의 그 따스한 마음을, 무엇보다 당신의 기도를 나누어 드리십시오. 당신의 뜨거운 눈물의 기도는 분명코 그들의 삶에 기적을 안겨다 줄 것입니다.

이 책의 모든 여백은 당신의 마음속에 그들을 위하여 마련하여야 할 공간을 의미하며 또한 당신이 그들을 위하여 채워야 할 기도의 마당을 뜻하기도 합니다.

이 책의 모든 빈터가 그러한 사랑의 기도로 가득 채워졌을 때, 그때 무지개처럼 쏟아질 하나님의 은총이 얼마나 경이로울지, 생각만 해도 가슴이 벅찰 따름입니다.

1988년 2월

엮은이 이재철

차례

1. 이들을 보소서

2. 사랑케 하소서

1982년 '믿음의 글들 특집 1'로 펴냈던
《주여, 이들을……》을 새롭게 옷을 입혀 세상에 내놓습니다.
뜻을 같이하여 귀한 원고를 써 주셨던
강은교, 구상, 김남조, 김원우, 김정환, 김진홍, 김형영, 김훈,
백도기, 안요한, 양인자, 오정희, 이재철, 이천우, 이청자,
이청준, 정연희, 정현종, 조광호, 최명희 선생님께
진심으로 감사를 드립니다.

1

이들을

보소서

한 많은 사람들

활빈교회(活貧敎會)에서도 지난주에 추수감사절을 지냈다. 우리가 지은 햅쌀로 떡을 빚고, 우리가 잡은 고기로 매운탕을 끓여 먹으며 온 신도들이 하루를 함께 지냈다. 감사절 잔치에 온 마을 아이들은 와자지껄 즐겁게 떠들며 놀았다. 나는 추수감사절 잔치에 참석한 교우들을 둘러보다가 분위기와는 어울리지 않게 수심에 잠긴 몇몇 얼굴을 보게 되었다. 감사절 잔치에서 감사한 얼굴을 지을 수 없는 그들의 쪼들리는 처지를 생각하니 나까지 울적한 마음이 되었다.

C집사는 서울 청계천 빈민촌에서 함께 이곳 남양만으로 귀농(歸農)한 분이다. 마을 주민에 대한 봉사를 강조하는 우리 교회의 방침대로 마을 일을 맡아 열심히 하다가 그 도가 지나쳐 다툼이 생겼는데 홧김에 술을 먹고 옛날 실력대로 칼을 휘두르고

김진홍

전 활빈교회 목사.
현 두레마을 대표.
청계천 빈민들과의
이야기를 자서전
형식으로 쓴
《새벽을 깨우리로다》
외 다수의 저서가 있음.

말았다. 그래서 특수폭행죄로 일 년간 옥살이를 해야 했다. 그는 감옥을 나오면서 새로운 결심을 하고 신앙으로 살며 열심히 일하겠다는 다짐과 함께 농사일을 시작했다. 그는 담배를 심고 깨를 심으며 문자 그대로 뼈 빠지게 일했다. 지난여름에는 가뭄을 이겨 내느라 수천 짐의 물을 등으로 져 나르기도 했다.

그런데 추수를 끝낸 뒤 결산을 한즉 150만 원이 적자였다. 그러니 그 가정에 추수감사절은 감사절이 될 수 없었다. 추수한탄절이라고나 할까?

두 내외를 불러 위로하며 앞으로의 계획을 물었더니, C집사는 "겨울 동안 아내는 서울에 가서 가정부로 일하고 저는 아이들을 돌보며 공사판에서 일해 내년에 다시 한 번 도전해야지요. 그리고 한을 풀어야지요……"라고 대답했다.

'한(恨)을 풀어야 한다'는 말은 활빈교회 가족에게는 아주 실감 나는 말이다. 서울 청계천 빈민촌 시절부터 이곳 소금땅에 집단으로 내려와 도전해 온 날들에 쌓이고 쌓인 것이 한이다.

지난 9월에 이 지역에서 살인 사건이 일어났다. 죽은 사람도 죽인 사람도 청계천에서부터 함께 내려와 함께 꿈꾸고 함께 고생해 온 사람이었다. 내 손으로 학습, 세례를 주고 집사로 임명까지 한 사람들이었다. 죽은 사람은 묻혀지고, 죽인 사람은 수갑이 채워져 끌려가면서 하는 말이 "열심히 살아 한을 풀려 했는데 바보짓을 했습니다. 목사님, 부디 성공하여 제 한도 함께 풀어 주십시오"였다.

12년 전 서울 빈민촌에 교회를 세울 때는 신앙으로 가난을 이기자고 '활빈교회'라 이름을 지었는데 아직도 가난을 이기는 활빈은 이루지 못하고 오히려 가난에 져서 한만 쌓아 가는 패빈(敗貧)을 하고 있음을 생각하면 절망을 느낀다. 그래서 나는 주님께 되묻는다.

─주님, 주님은 가난한 사람들의 설움을 계속 묵살하고만 계실 겁니까?

─주님은 가난을 해결할 능력이 없으신 겁니까?

3년 전에 큰 꿈을 품고 공동 축산단지 조성사업에 착수했었다. 호주에서 고기소 500두, 젖소 360두, 돼지 92두를 들여와 공동 축산단지를 만드는 사업이었다. 우리는 활빈의 꿈이 곧 성취될 것을 확신하고 신바람이 나서 일했다. 그러나 축산 파동이 닥치는 바람에 고기값은 바닥 모르게 떨어지고, 사료마저 살 돈이 없게 되었다.

돼지가 새끼를 낳아도 팔 곳이 없었다. 견디다 못해 구덩이를 파고 돼지 새끼들을 묻으며 나는 절망을 느꼈고 농민들의 한을 생각했다. 그리고 냉혹한 현실에 대한 신앙의 무력함을 통감했다. 나는 한 많은 사람들에 대한 예수의 침묵에 항의했다.

─주님, 너무하십니다. 보고만 계십니까?

지난해 모내기철이었다. 농촌에선 모내기철이면 송장도 꿈틀거린다는 바쁜 때다. 어느 날 한낮에 주민 한 분이 젖먹이 아기를 교회로 데려왔다. 사연인즉, 사람을 얻어 모내기를 하고 있는데 점심때가 되어도 집에서 점심밥을 들로 가져오지 않는지라 화가 머리끝까지 나서 집에 가 보았더니, 마누라가 젖먹이를 버려둔 채 가출하고 없었다. 농촌 생활이 너무 고되어 적응할 수 없으니 서울 가서 식모라도 하겠다며 미안하다는 쪽지만 남기고 가 버린 것이다.

그는 "목사님, 성질대로 하면 애새끼도 팽개치고 서울 가서 ○○이를 찾아내 ○○○○○ 싶은데 우째야겠습니꺼" 하며 씩시근거렸다.

나는 그에게 대답했다.

"인생은 고해(苦海)라니 참고 살다 보면 좋은 날도 올 거요. 아기는 교회 탁아소에 맡기고, 가서 모나 마저 심으시오. 갈 사람은 가야 하고 남아 있는 사람은 열심히 살아야 하는 거요."

나는 활빈교회를 세워 섬겨 나가고 있는 목사로서 지난 12년간 가난한 사람들의 한을 보아 왔다. 나는 가끔 자문한다.

—교회는 가난한 사람들의 한을 풀어 줄 힘이 있는가? 예수의 복음은 빈민들에게 참으로 복음인가?

여러 해 전에 빈민촌에서의 선교 활동이 너무나 힘겨워 그만 손을 떼고 물러서기로 결심한 적이 있었다. 짐을 꾸려 두고 마지막으로 마을을 한 바퀴 돌다가 배고파 울고 있는 어린아이들을 보게 되었다. 그때 나는 그 어린아이들의 눈물에서 나의 구주 예수를 보았다. 예수는 그 아이들의 눈물에 갇혀서 나에게 부탁하고 계셨다.

—진홍아, 네가 나를 이 눈물 속에서 해방시켜 주거라.

나는 꾸려 둔 짐을 풀고 다시 일을 시작했다. 그 후로 어느덧 10년 세월이 흘렀다. 지금도 심신이 지쳐 내가 하고 있는 일에 의문이 생기거나 자신감이 흔들리면 그때 뵈었던 예수님을 생각하고 주님께서 내게 부탁하신 말씀을 되새긴다.

—진홍아, 네가 나를 이 많은 사람들의 한 속에서 해방시켜 주거라.

'승한성취(勝恨成就)'란 말이 있다. 한을 이기고 성취한다는 뜻이다. 그런데 어떻게 한을 이기고 무슨 일을 성취하자는 것일까? 부자가 되어 가난의 설움을 씻게 되는 것이 한을 푸는 것일까? 실패와 실패, 좌절과 좌절 속에서만 살아온 사람들이 마침내 성공하게 되는 것이 한을 이기는 것일까?

그런데 문제는 예수의 교회가 이 일을 감당하지 못하고 있다는 사실이다. 교회가 한 많은 사람들의 아픔을 치료하지 못하고 계속 구경만 하고 있거나 이러쿵저러쿵 말만 하고 있다면 불원간 교회는 백성들에게 돌팔매질을 당하게 되지 않을까 염려된다. 이 세상에 존재하는 뜻과 사명을 잊어버린 교회에 대한 당연한 귀결로써.

끝으로 나 자신에 대하여, 활빈교회에 대하여 그리고 한국 교회에 대하여 다시 한 번 다짐하고 싶다.

"한 많은 사람들의 한을 풀러 나가자!"

더   멀   리
더 깊이 보아라

안요한

새빛맹인선교회 대표.
저서 《낮은 데로 임하소서,
그 이후》

금요일이면 예외 없이 걸려 오는 전화가 있다.

"목사님! 저 이번 주일에 교회 못 가요!"

"왜 못 오니?"

"그냥요."

"은숙이가 보고 싶은데도?"

"그럼 갈게요."

은숙이는 올해 열세 살이다. 한창 꿈 많은 나이의 소녀다.

부모가 다 계신 가정의 딸이지만, 두 살 때 실명하여 주위의 보이지 않는 냉대와 소외 속에서 성장했다. 처음 얼마간은 가족의 따뜻한 정과 보살핌도 있었겠지만, 세월이 흐르면서 차츰 관심 밖의 귀찮은 존재가 된 것이다. 그토록 따뜻하고 다정했던 부모의 정과 음성은 점차 쌀쌀하고 윽박지르는 소리로 변해 갔고, 자신도 가족들을 피해 외진 곳을 찾아야만 비로소 마음이 편안해진다고 했다.

자라면서 점점 은숙이의 해맑은 얼굴에는 그늘이 지기 시작했고 언제나 구석진 곳에서 고개를 숙인 채 말없이 조용히 앉아 있기만 했다. 석고상 같은 그 소녀를 우연히 알게 되면서 그녀는 내가 목회하는 새빛교회에 나오게 되었다.

처음 얼마 동안은 집에서 하던 자세 그대로 언제나 얼굴을 수그리고 말도 하지 않는다는 주위의 귀띔이 있었다.

하루는 그 소녀의 곁으로 가서 "숙아, 너는 얼굴도 예쁘고 마음씨도 곱다고 하는데 왜 얼굴을 숙이고 다니니?" 하고 물으니 그 아이는 그만 왈칵 울음을 터뜨렸다. 자신에게 관심을 가져 주는 말 한 마디에 오랜만에 따사로운 정을 되찾았던 것 같다. 우리 학교에서 가르치는 선생님이나 교육을 받는 아이들 모두가 같은 처지이기에, 또 사랑과 이해로 뭉쳐진 환경이기에, 은숙이의 그늘진 얼굴이 날이 갈수록 밝아지는 빛이 내 눈에도 어려 왔다.

대부분의 맹인 학교가 그렇듯이 우리 학교도 기숙사에서 함께 기숙하면서 공부를 한다. 그러나 방학하면 모두 가정으로 돌아가게 되어 있다. 작년 겨울방학의 일이다. 방학 때면 으레 일어나는 일이지만 지난겨울에도 두 어린이가 집에 돌아가지 않게 해 달라고 눈물겨운 호소를 했다. 그중의 하나가 은숙이었다. 집에 가 봐야 반겨 줄 사람이 없다는 것이다. 부모와 형제가 있어도 사랑과 관심이 없기 때문이다.

이 어린 가슴들의 슬픔과 고통을 마음으로 그대로 느낄 수 있었기에 나는 규칙에도 불구하고 그 아이들을 집으로 보낼 수 없었다. 그래서 그 애들을 우리 집으로 데려오는 방법을 택했다. 내 숙소도 원만치는 못하지만 그 소녀들 가슴에 편안함과 정은 아낌없이 줄 수 있을 것 같았다. 두 달 동안의 방학이 말 그대로 공부나 여러 가슴 아픈 것들로부터 해방되는 기간이기를 바라는 생각도 더불어 하면서.

그러던 은숙이도 올 여름방학에는 스스로 집에 가겠다고 할 만큼 명랑해졌다. 같은 시각장애인의 처지에서 서로 사랑하고 이해하며 관심을 갖다 보니 어느 정도 자신감까지 얻게 된 것이다.

그러면서도 은숙이는 버릇처럼 매주 금요일이면 잊지 않고 전화를 한다. 이번 주일에 교회를 안 가겠다는 투정이다. 진짜 안 나오겠다는 마음이 있어서가 아니라 자기에 대한 나의 사랑을 확인해 보려는 가냘픈 마음에서다.

사랑과 정이 그리운 아이들.

예배가 끝나면 골목에 서서 기다리고 있다가 목사님이 포근히 안아 주거나 머리를 쓰다듬어 주어야만 발길을 돌리는 아이들, 방학이 되어도 집으로 돌아가기 싫어 마냥 억지를 부리는 아이들, 자신에 대한 사랑을 직접 확인해 봄으로써 사랑을 느끼는 아이들, 이 약하고 착한 아이들에게 어떻게 하면 부어도 부어도 부족한 사랑을 쏟아 줄 수 있을까?

시각장애인 사회에서의 선교는 단순한 선교나 전도만으로는 부족하다. 사회와 주위에서는 물론 가정에서조차 몰이해와 무관심으로 대하기 때문에 그들의 정서는 결여되어 있고, 감정은 메마르기 쉽다. 더구나 실명으로 인한 여러 가지 후유증까지 발병하는 경우가 많아 육체적 고통이 정신적 괴로움에 압박을 더해 주기 마련이다.

행복은 더불어 오고 불행은 나누어 오면 좋으련만, 어찌 된 일인지 이들은 가정까지 불우한 경우가 대부분이다. 결손가정이거나 하루하루 살기에 급급하여 놀고먹는 입은 죄스러울 정도인 가정이 많다. 이들에게 필요한 것은 선교보다 생활보호대책과 눈이 멀어도 할 수 있는 일을 가르쳐 주는 자활 교육이 먼저 되어야 한다는 것을 뼈저리게 느낄 때가 한두 번이 아니다.

나 자신이 시각장애인이어서 이들이 겪는 고통과 현실적인 어려움을 실제 보지도 못하고 대신 눈이 되어 주지도 못하지만 가슴이 시리도록 와 닿는 그 모습들은 너무도 생생하다.

이들에게 생의 의욕과 자신감을 줄 수 있는 길은 감추어진 사랑을 나누어 주고, 접혀진 사랑을 펴 주는, 오직 영적인 사랑과 사명의 뒷받침뿐이다. 해도해도 끝이 없고 충분할 수 없는 사랑에 가끔은 절망하기도 하지만, 무한한 자원이신 하나님을 믿기에 아무 염려 없이 부족한 사랑을 메꾸고자 노력할 뿐이다. 성한 사람들이 못 보는 것을 볼 줄 알기를 바라면서.

이천우

나그네선교회 대표.
글 속의 도치댓박이는
목사 자신임.

"밥 한술
줍쇼"

새벽같이 찬 공기를 헤치며 '일어나라'고 외치는 왕초들 고함소리와 함께 지긋지긋한 하루가 시작된다.

도치댓박이(원래는 도끼의 등을 가리키는 말로 깡이 세고 담이 차다는 뜻)는 찬마루에 가마니를 깐 잠자리를 박차고 일어났다. 세차게 뛰어야만 할 시간이 된 것이다. 어제저녁 밥그릇(깡통)을 닦기 싫어서 아무렇게나 개울가에 집어던진 것이 밤중 추위에 꽁꽁 얼어붙고 말았다. 쇠뭉치를 들고 얼음을 열심히 깬다. 얼어 오는 손을 비비며, '멍청한 인간아, 어제저녁 게으름만 피우지 않았던들 오늘 아침 이 수고는 하지 않아도 될 게 아닌가' 하고 스스로를 한심해한다. 겨우 깡통을 꺼냈다. 저녁 식사 때 장작불에 깡통째 밥을 끓여 먹은지라 온통 속과 겉이 말이 아니다.

수세미로 깨끗이 닦아서 막사로 들어오니 걸뚝마니(밥 얻어 오는 아이) 몇 명이 제각기 구역을 정하고 있다. 비록 빌어먹기는 해도 염치는 있기에 매일 똑같은 마을과 집을 갈 수 없어 서로 돌아가면서 다른 구역으로 나가는 것이다. 도치댓박이도 그들 틈에 끼었다. 도치댓박이라는 아이는 다른 애들과는 달라 보였다. 얼굴과 손발이 언제나 깨끗하고, 옷차림도 단정하다. 깡통을 들었으니 거지이지 깡통만 없다면 귀한 집 아들이라 해도 믿을 것이었다. 이 아이의 손에는 항상 책과 연필이 떠나질 않는다. 다른 꼬마 거지들이 책들을 빌려 와 읽어 달라고 할 정도다. 고향은 청주로, 일곱 살 때 네 살배기 여동생를 남겨 놓고 꽃다운 나이에 어머니가 돌아가시자, 계모 밑에서 고생고생을 하다가 결국 초등학교 4학년 때 동생 뒤를 따라 쫓겨나고 말았다. 그래서 지금까지 먼저 쫓겨난 동생을 찾으러 거지가 되어 집집마다 돌아다니는 중이었다. 여동생이 식모로 갔다는 소식을 들은 탓인지 식모 누나들을 잘 사귀어 밥 잘 얻어 오는 아이로 소문이 나 있다.

도치댓박이의 구역이 정해졌다. 황마루라는 가난한 마을로, 대개 판자에다 루핑을 덮어 만든 집에서 살고 있는 피난민촌이었다. 구역이 정해지자 도치댓박이는 누가 대문간에 밥사발을 들고 기다리고나 있는 듯 단짝인 깡다귀란 별명을 가진 친구와 뛰기 시작한다. 밥 깡통과 반찬 깡통 그리고 허리에 차고 있는 숟

가락과 포크 등이 딸그락거리며 새벽 공기를 어지럽힌다. 아침 식사는 대개 30~40분간. 그렇기 때문에 이 시간에 부지런히 밥과 반찬을 얻어야지 시간을 놓치면 아침밥을 얻을 길이 없는 것이다.

부자 마을은 밥과 반찬이 고급인 대신 양은 적게 마련이다. 가난한 마을은 잡곡밥이지만 집집마다 거의 빠짐없이 한두 수저씩 주기 때문에 얻어지는 양이 많아진다. 가난한 마을에서 얻은 밥은 마음놓고 먹을 수 있지만 부자 마을의 밥은 잘 살펴보고 먹어야 한다. 간혹 가다 쉬어서 못 먹을 밥을 깡통에다 버리는 사람들이 있기 때문이다. 쉬지 않은 밥은 아까워 주지 않다가 못 먹을 상태에 이르면 밥 얻어먹는 거지들이 개, 돼지로 보이는지 선심을 쓰는 척하고 쓰레기를 처분하는 것이다. 그럴 때마다 불끈 치미는 치욕감과 함께, '오냐, 나는 너희처럼 불쌍한 부자가 되지는 않을 거다. 난 아주 큰 마음부자가 되고 말 것이다' 하고 이를 악물곤 했다.

쉰밥을 얻어 오면 왕초들에게 얻어맞기 일쑤다. 하지만 쉰밥이라도 결코 버리지 않는다. 물에다 몇 번 씻어 낸 다음 김치와 양념을 넣고 장작불에다 소위 꿀꿀이죽을 만들어 먹는다.

보통 왕초 두 명에 똘마니 한 사람씩 배당되는데 매끼마다 식사를 얻어다 제공하게끔 되어 있다. 똘마니들이 밥을 얻으러 간 사이에 왕초들은 망태기를 어깨에 메고 나가 쓰레기통을 뒤져 폐품을 모아 온다.

아침 식사가 끝나면 똘마니들은 밥통을 깨끗이

닦아 놓은 다음 길거리로 비닐봉지를 들고 나간다. 쓰레기통을 뒤져서 담배 꽁초를 주워 모아 왕초들에게 바쳐야 하기 때문이다. 간혹 불이 붙여져 있는 꽁초를 주우면 왕초들 흉내를 내느라 폼을 멋지게 잡고 담배 연기를 뿜어 보다가 콜록콜록 기침을 해 대고 나면 눈물이 찔끔 나온다.

점심때는 가정집으로 가면 얻어먹을 길이 없다. 그래서 머리를 쓴 것이 깡통을 여러 개 만들어 중국 음식집이나 한식집 같은 식당에 맡겨 두는 방법이다. 손님들이 남긴 음식물을 짬봉이라고 하는데, 주방 사람들과 친해지고 나면 꽤 먹을 만하게 모아 준다. 왕초들에게 밥을 얻어다 주면 대개 자기들이 배를 채운 다음에나 남겨 주기 때문에 똘마니들은 점심때 나가 짬봉이나 빵집 같은 데서 얻어먹는 것으로 배를 채우기 마련이다.

집집마다 어떻게 해야 밥을 얻는지, 몇 번 해 보면 도가 트이게 된다. 가난한 집 대문에서는 각설이타령을 한바탕한다. "어절씨구 씨구 돌아왔네. 작년에 왔던 각설이 죽지도 않고 또 왔네. 예? 아주머니, 한술 줍쇼." 그러면 대개, "쯧쯧, 추운데……" 하면서 따뜻한 밥을 준다. 그러나 부잣집에서는 각설이타령으로는 통하질 않는다. 우선 벨을 누르고 본다. "네, 누구세요?" "찡찡." "네, 지금 나가요." 안에서 신발 끄는 소리가 나고 대문을 여는 순간, 오른발을 얼른 집어넣으면서 "네에, 아주머니, 한술 줍쇼"를 재빠르게 부르짖어야 한다. 동작이 늦어 "어머, 거지새끼네” 하고 문을 닫아걸게 되면 그 문을 다시 열게 할 방도는 영영 없는 것이다.

점심을 그렇게 얻어먹은 후 오후에는 동냥을 나간다. 가게나 상점, 길거리에서 만나는 사람들에게 “한푼 줍쇼, 네”를 수없이 되풀이한다. 다른 아이들은 동냥한 돈으로 군것질을 하는데, 도치댓박이는 책과 노트를 사서 열심히 공부를 했다. 그래서 글씨를 모르는 아이들에게 이름자를 가르쳐 주거나 빌려 오는 만화책을 읽어 주곤 한다.

저녁때가 되면 걱정이 태산 같다. 아침 식사는 비교적 시간이 정해져 있지만 저녁 식사는 학교와 일터 등에서 돌아오는 시간이 집집마다 다르기 때문이다. 그래서 식사 시간을 못 맞춘 경우에는 밤 10시가 넘도록 깡통이 차질 않아 밤거리를 헤맬 때가 많았다. 늦게까지 기다리던 왕초들은 밥을 많이 얻어 오면 좋아라 하지만 그렇지 않을 때에는 때리기 일쑤다.

그럭저럭 저녁을 때우고 나면 잘 시간이다. 손이 시렵고 춥고 귀찮지만, 오늘 아침 같은 고생을 하지 않기 위해 밥통을 닦아 놓고 잠자리에 든다. 잠자리라야 누비이불 속에 가마니요가 고작이다. 그나마 이와 벼룩 때문에 잠을 못 이루고 벅벅 긁어 대는 소리만 요란하다.

보고 싶은 여동생―. 도치댓박이는 누워 여동생의 여러 모습을 그려 본다. 포악했던 계모의 모습, 덩달아 계모의 말만 믿고 춤추던 못난 아버지의 모습도 나타난다. 옆에 누워 있는 아이들 모두가 그 못지않게 슬프고 애절한 과거를 가지고 모여들었다. 전쟁으로 부모를 잃은 아이, 고아원에서 배고파 뛰쳐나온 아이, 상점에서 심부름하다가 도둑 누명을 쓰고 쫓겨난 아이……. 저들은 지금 무슨 생각에 잠겨 있을까? 왜 이렇게 세상은 고르지 못하단 말인가? 주일학교 다닐 때 선생님들께서 들려주신 '사랑의 하나님' 그분은 선인과 악인 모두에게 햇빛과 단비를 골고루 주신다는데 여기에 모여 사는 우리들에게는 잔인하고 포악한 하나님으로밖에 생각되질 않는다.

어느덧 밤 12시가 되었나 보다.

"야! 도치댓박, 일어나! 오늘 한탕 해야지."

도둑질을 해 오라고 깨우는 것이다.

"형님, 난 죽어도 그 짓은 못해요. 나는 하나님을 믿는단 말이에요."

"야, 이 새끼야! 하나님이 어디 있어? 다 배부른 놈들이 만들어 놓은 가짜란 말야. 하나님이 있다는 교회에 가 봐라. 어디 거지새끼들 사람 취급이나 해 주는 줄 아냐?"

그 윽박지름 속에서도 도치댓박이는 도둑질만은 한사코 거절했다. 하나님과 떳떳하게 만나기 위해서라도 그것만은 안 되는 일이었다. 적은 돈을 푼푼이 모아 토끼를 사고 그 토끼가 염소가 되고, 또 송아지가 되고……. 어느 날엔가는 문밖에서 떨고 있는 거지에게 따뜻한 밥뿐 아니라 따뜻한 마음도 깡통에 수북이 담아 줘야지.

도치댓박이는 이제 자라났지만 숱한 도치댓박이들이 가난을 이기며 꿋꿋하게 살아가고 있다.

우리 모두는 어쩌면 다 거지일 수도 있다. 철학자 디오게네스도, 성 프란체스코도 그리고 나사렛 예수님도 정처 없고 먹을 것을 항상 빌어야 했던 거지였다. 예수님의 열두 제자 역시 마찬가지였다. 알몸으로 태어나 빈손으로 가는 우리들은 엄밀한 의미에서 모두 다 거지일 수밖에 없는 것이다.

주님은 덧없는 재물을 탐하며 거지의 속성을 은폐하고 자기 앞에 일용할 양식을 비는 자를 업신 여기는 사람들을 향해 말씀을 남기셨다.

"너희가 여기 내 형제 중에 지극히 작은 자 하나에게 한 것이 곧 내게 한 것이니라."

옥 에 갇 힌 예 수

김 훈

남파 간첩으로 20년간 복역.
그 체험을 《재를 남길 수
없습니다》로 펴냈음.

1975년 여름, 비 온 뒤의 날씨는 눈부시게 청명하였고 높다란 벽돌담 너머의 아카시아 잎들이 유난히 푸르게 보이는 오후였다. 그 아카시아 숲 속에서 말매미가 스산하게 울어 대고 있었다.

교도소 넓은 마당에는 태곳적 적막이 내린 듯, 사람 그림자 하나 보이지 않는다. 뭉크의 그림 속 같은 적막한 공간에 돌연 두 사람의 그림자가 나타났다. 두 손목에 수갑을 찬 사형수와 검은 제복의 교도관이었다. 어머니의 면회라고 해서(어머니밖에 없었으니까) 무심코 따라나선 사형수는 차츰 이상한 분위기에 얼굴이 공포와 긴장으로 하얗게 질린다. 아직 소년티를 벗지 못한 스물한 살의 홍안이다. 잔디밭이 있는 갈림길에 이르자, 교도관은 갑자기 사형수의 팔을 낚아채며 왼쪽 사잇길로 몰아붙였다. 사잇길 끝, 집행장으로 들어가는 회색빛 쪽문이 활짝 열려 있었다.

"아니, 집행하는 겁니까? 그럼 어무이는예……."

어린 사형수가 애원하듯 물었다. 그러나 이미 상황을 알아차린 사형수는

이 들 을
보 소 서

이내 모든 걸 체념하고 높푸른 하늘을 한 번 올려다보고 진창을 피해 총

총히 집행장 안으로 사라져 갔다.

수갑 찬 위에 다시 오랏줄로 팔과 허리를 사정없이 묶인 사형수는 집행

관 앞에 꿇어 앉혀졌다.

"마지막으로 할 말은 없는가?"

의례적으로 집행관이 물었다.

"우리 어무이 좀 보게 해 주이소."

어린 사형수는 두 뺨에 뜨거운 회오의 눈물을 흘리며 말했다.

그러나 사형수의 이 마지막 소원은 이루어지지 않았다.

형식상의 문답이 끝나기 무섭게 사형수는 집행장에 이끌려 개처럼 교수대

에 목이 매달렸다.

1973년 가을, 강간 살인 사건으로 사회에 물의를 일으켰던 이○○의 마지

막 순간을 교도관에게 얻어들은 이야기다. 죽을죄를 지었으니 사형을 당

해도 마땅하다고 생각해 버리면 그만이겠지만, 그러나 그렇지가 않다. 앞에 집행당한 어린 사형수를 남이 아닌 바로 내 자식이나 내 형제로 바꿔 생각하면 문제가 그리 간단하지는 않을 것이다.

사형과 무기(無期)는 종이 한 장 차이라고 한다. 삶과 죽음이 갈라지는 엄청난 사건인데도 말이다. 그 종이 한 장 차이를 신(神)도 아닌 불완전한 인간인 법관이 판결한다는 데 우리는 다분히 회의와 불안을 느낀다. 그리고 다른 죄수들에게는 속죄하고 용서받을 기회가 있는데 왜 사형수에게만은 그것이 주어지지 않는 것일까?

'아니, 집행하는 겁니까? 그럼 어무이는예……'

온 천하를 주고도 바꿀 수 없다는 존귀한 생명을 가진 한 인간의 이 피맺힌 절규를 누가 외면할 수 있겠는가…….

지금 이 순간에도 교도소 높은 담 안에는 정신적으로 육체적으로 고달파 몸부림치는 버림받은 심령들이 득실거린다. 10년, 20년을 한결같이 그 을

씨년스런 독거 감방에서 내일을 모르고 절망 속에 살아가는 푸른 군상이 있는가 하면 체념과 자학으로 상혼의 피를 흘리는 죄수들이 있다.

철창 밖에서 들려오는 낙엽 구르는 소리에 한숨짓는 무기수의 참담한 심경을, 어쩌다 철창 안으로 날아 들어온 눈 한 송이에 가슴 설레는 어린 죄수의 외로움을, 창살에 비쳐 든 달빛이 두려워 푸른 이불자락을 뒤집어쓰고 뜨거운 눈물을 삼키는 여죄수의 피맺힌 한을 우리가 어찌 상상인들 할 수 있겠는가…….

인간 생명의 특성은 사랑하고 의욕하는 데 있다고 한다. 과연 저들에게 무슨 사랑이 있겠으며 소망(의욕)이 있을 수 있겠는가. 그렇다면 살았어도 죽은 것이나 다를 바 없다.

키르케고르는 그의 저서 《죽음에 이르는 병》에서 인간의 모든 병은 치료될 수 있지만 그중에 한 가지, '절망'이라는 죽음에 이르는 병은 어떤 방법으로도 치료할 수가 없다고 하였다. 그것을 치료할 수 있는 것은 오로지 '사랑'뿐이란다. 사랑만이 절망을 딛고 일어서서 소망을 가지게 한다는 것이다. 그러면 절망의 늪에서 허덕이는 재소자를 구하는 길은 '사랑'이라는 해답이 자명해진다. 그렇다면 어떻게 저들에게 사랑을 전하고, 아니 구현할 수 있을까.

교도소에도 각 종파에서 파송되어 전도 활동을 하는 사람들이 없지 않다. 총집교회(總集敎誨) 때 목사님이 와서 설교도 하고 수요일마다 예배를 드리곤 한다. 그러나 과연 얼마나 많은 사람들의 영혼을 구했는지는 의문이 든다.

터놓고 말하면 우리 기독교인처럼 교만하고 인간미 없고, 한마디로 멋대가리 없는 종파도 없을 것이다. 단 위에 올라서서 인간적인 인사나 친근감 있는 위로의 말 한마디 없다. 그런 말을 하면 성직자로서의 권위가 손상되는지 아니면 인간적인 사랑이나 동정 같은 것은 유치하고 불순해서 하나님께 죄가 된다고 생각해서 그러는 것인지……. 하나님 사랑의 본체가 바로 인간 그 자체에 있음을 이해하지 못한다.

거기 청의(靑衣) 삭발한 초췌한 몰골에 공허한 눈망울을 굴리는 죄수들이 있다. 모두가 절박하고 처절하고 암담한 심경들이다. 몇 년을 같이 살아온 아내에게 이혼장을 받은 사람, 애인에게 절교당한 사람, 그리고 당장 출감은 다가오는데 설한풍에 입고 나갈 옷 한 벌 없고, 나가도 갈 데가 없는 사람, 어머님의 부음을 들었어도 꼼짝할 수가 없는 사람.

하여튼 저들은 철창 속에서 인간사에 찢기고 멍든 채 가슴으로 울고 있는 것이다. 그런 사람들에게 강단 위에서 "죄를 회개하라, 예수님은 당신들을 사랑하신다"라고 백 번 천 번 제아무리 떠들어 봤자 귓전에나 들리겠는가. 소음만 일으키는 꽹과리 소리를 누가 듣기 좋아하겠는가.

먼저 저들의 인간적인 아픔을 같이 나누어야 한다. 그리고 시쳇말로 전인적인 신앙으로 가식과 위선 없이 그대로 저들과 부딪쳐야 한다. 다시 말해 예수님의 사랑을 직접 몸과 마음으로 체현해야 한다.

종교의 궁극적 가치와 기능은 두말할 것도 없이 인간 구원에 있다. 그리고 그것은 현실에서 이루어져야 한다. 그러기 위해서는 먼저 인간의 자기 상실과 자기 소외에서 인간을 구출하고 인간의 주체성과 자유성을 회복시키는 것이 기독교인의 일차적인 사명이고 책임이라 하겠다.

끝으로 주님의 말씀을 소개하며 이 글을 맺는다.

내가 주릴 때에 너희가 먹을 것을 주지 아니하였고 목마를 때에 마시게 하지 아니하였고 나그네 되었을 때에 영접하지 아니하였고 헐벗었을 때에 옷 입히지 아니하였고 병들었을 때와 옥에 갇혔을 때에 돌보지 아니하였느니라 하시니 그들도 대답하여 이르되 주여 우리가 어느 때에 주께서 주리신 것이나 목마르신 것이나 나그네 되신 것이나 헐벗으신 것이나 병드신 것이나 옥에 갇히신 것을 보고 공양하지 아니하더이까 이에 임금이 대답하여 이르시되 내가 진실로 너희에게 이르노니 이 지극히 작은 자 하나에게 하지 아니한 것이 곧 내게 하지 아니한 것이니라 (마 25:42-45)

이 들 을
보 소 서

낙엽

지금은 가을,

우리 잠시 이별을 하자.

부모와 잠시

내외와 잠시

형제와 잠시

사랑하는 사람과도 잠시

이별을 하자.

지금 병상에 누워 있는 사람은

눈을 감고

자신과도 잠시.

가을은 병든

병든 사람들의 머리 위에

손을 얹는 계절이다.

김형영

시인. '七十年代'의 동인.
시집 《침묵의 무늬》
《모기들은 혼자서도
소리를 친다》가 있음.

가을이 되면 나는 언제나 이별을 생각한다. 이것은 내 신앙이다. 내가 병자이기 때문일까? 나는 가을이면 이별과 함께 고독 속에 묻혀 본다. 아무것도 생각하지 않는다. 그냥 뭔가 기다린다. 아니다. 기다리는 것마저도 떨쳐 버린다.

어느 날 거리를 지날 때 내 머리 위에 떨어지던 낙엽이 보인다. 집어 보면 어떤 것은 아주 노랗고 깨끗하다. 그러나 어떤 것은 검붉고 구멍이 나 있다.

낙엽, 그렇다. 나는 그것이 하나님이 보낸 손이라고 생각했다. 병들어 아파하는 사람들에게 큰 희망을 안겨 주는 손, 안주의 손, 그 손은 말한다. "병든 사람은 다 내게로 오라. 내가 네 머리 위에, 네 생각 속에, 네 마음속에 함께 있으리라."

가을이 되면 우리 모두 잠시만이라도 낙엽이 되어 병든 사람을 위해 기도하는 시간을 가져 보자.

아이들아

아직도

그곳에 있느냐?

양인자

작가.
작품집 《울타리
밖의 아이들》
《혼자 사는 여자》
《허황한 거리》 등이 있다.

어느 핸가, 홀트아동복지재단에 취재를 하러
갔었다. 그곳 홍보실장을 만나 국내의 입양으
로 야기되는 갖가지 이야기들을 열심히 듣고
메모한 후 챙겨 올 수 있을 만큼 자료도 챙겨
왔다.

들어오면서 얼핏 본 액자 속의 말이 그럴듯해
돌아 나가면서 다시 한 번 쳐다보았다.

1. 어린이에게는 비평보다는 본보기가 필요
   하다.
2. 사람은 누구나 하나님을 조금씩 닮았다.
3. 우리를 부자지간으로 맺어 주는 것은 혈육
   이 아니라 애정이다.

그럴듯해 입 속으로 두어 번 읊어서 아예 외
워 버렸다. 그리곤 돌아와 입양에 얽힌 얘기
를 내 딴에는 감동적으로 써 보냈고 그리곤
만족한 상태에서 곧 잊어버렸다.

내 작은 불행에는 도드라지게 상처를 잘 받고
그것 때문에 오래오래 아파하면서, 어쩌면 타
인의 것이라 해서 이런 불행을 한낱 자료로만
이용하고 끝났던가.

하나님은 한 여자의 이런 '차가운 심장'이 몹
시 딱하셨던 것 같다.

마산에서 근로 청소년을 취재하고 돌아오는
길이었다. 예기치 않게 잘 아는 촬영팀을 만
났다. 그들은 군산으로 가는 중이라 했고 낯

선 지방에 대한 호기심으로 나도 편승했다.

어쩌면 지금껏 한 번도 가 보지 않았을 군산
을 그런 인연으로 가게 되었고, 그들을 따라
난생처음 영아원을 방문하게 되었다.

말도 듣고, 신문에서 읽고, 내가 가진 자료로
익히 알고도 남는 영아원.

나는 건들건들 기웃기웃 건성 둘러보고 다니
며 '아, 춥다. 발 시렵다. 여긴 취사장이구나.
여긴 세탁실이구나. 지저분해, 대야도 아무 데
나 팽개쳐 있고……' 이 따위 생각이나 하면
서 촬영팀의 촬영이 빨리 끝나기를 기다리며
있었다. 훈훈한 히터가 있는 자동차로 빨리 가
고 싶었다. 그러나 촬영은 쉬 끝나지 않았다.

작은 강당에 대여섯 살 되는 아이들이 좌
악 모여 앉아 두 손에 과자를 든 채 반짝
반짝…… 노래하고 NG가 나면 또 반짝반
짝…… 노래하고 과자를 손에 든 채 먹어
보지도 못하고 두어 시간을 그렇게 반짝반
짝…… 시키는 대로 노래하고 있었다.

방송국 녹화장의 그런 모습에 익혀진 나는 이
장면에서도 별 느낌 없이 그냥 작업이 늦어진
다 정도로만 생각하고 기다림이 무료해 여기
저기 기웃거리다 닫힌 방문 하나를 별 생각
없이 열어 보았다.

방 안은 캄캄해서 얼핏 빈방처럼 느껴졌다. 방
문을 도로 닫으려는데 그곳에서 일하는 보모

처녀가 달려왔다. 그러고는 촬영팀의 일원에게
베푸는 친절로, "보시겠어요?" 하고는 찰칵
스위치를 올렸다.

순간 나는 호흡이 딱 멎어 버렸다.

무엇인지 미처 분별할 새도 없이 수십 개의 총
알이 내 가슴을 관통하고 지나갔기 때문이었다.

자세히 보니 그 총알은 ㄷ자로 누워 있는 아이
들의 초롱초롱한 눈동자였다.

한 돌에서 두 돌 미만인 어린 아이들이 바깥
의 반짝반짝……에도 불구하고 조용히 자야
만 하는 역할을 감당하느라 어둠 속에서 소
리 없이 눈을 뜨고 있었던 것이다.

한 아이가 들릴 듯 말 듯 칭얼대는 소리를 냈

다. 보모가 얼른 이불 속으로 손을 넣었다.

"오줌 쌌구나. 일어나."

아이는 30개월 군복무를 끝낸 제대병처럼 발딱 일어났다. 그리고 보모가 내주는 내의를 갈아입는데 보모의 움직임에 한 치의 틀림도 없이 어쩌면 그리도 손발이 착착 맞는지.

그렇게 다 입자 이불을 들추고 요도 없는 맨바닥으로 쏙 들어가 정자세로 착 누웠다.

아이를 길러 본 사람이면 누구나 알겠지만 한 돌짜리 아이는 결코 그렇게 할 수 없는 것이다. 나는 짧은 순간에 본 그 아이의 행동이 감당할 수 없을 정도로 서러워서 나도 모르게 이불 속의 아이를 끌어내 와락 부둥켜안고 말았다.

아이는 무조건하고 내 가슴에 깊이깊이 안겨 들어왔다.

아, 이 조그맣고 따뜻한 아이.

도대체 얘야, 넌 왜 여기 있니?

난 몰랐다. 네가 여기 이렇게 캄캄한 방에 숨소리도 내지 않고 누워 있는 줄 꿈에도 몰랐다.

보모의 말 없는 움직임에 일사분란하게 보조를 맞춰 주는 한 살짜리 아이가 있는 줄 난 정말이지 꿈에도 몰랐구나.

아이를 안고 이러면 안 되는데 하면서도 저 가슴 밑바닥으로부터 쿨렁쿨렁 치밀어 올라오는 울음을 주체할 길이 없었다.

내 가슴은 철퇴를 맞고서야 눈을 떴고 그때까

지 잘 알고 있던 입양 문제가 구체적으로 어떻게 되는지 몰라 다시 물었다.

내 가슴에 안긴 아이는 내 아이였다.

그러나 나는 결손가정에 해당되는 편모였고, 입양 규칙은 아이를 내 가슴에서 떼어 놓았다.

그날 밤 서울로 돌아가면서 나는 혼자 약속했다. 내 곧 다시 가마. 널 찾아 다시 가마. 결코 너를 그곳에 있게 하지는 않으마.

날씨가 추워지면 제일 먼저 가슴을 후비면서 생각나는 아이들.

낯선 가슴을 따뜻하게 열고 들어오던 그 작은 몸뚱이가 이 겨울, 약속을 지키지 못한 나를 괴롭힌다.

타인이 자기 자신의 일부란 사실을 따뜻하게 일러 주고 깨우쳐 준 그 작은 하나님에게 아무 보답도 없이 세월만 보내고 있는 나는 버려진 모든 아이 앞에 심히 부끄럽다.

실행에 옮기지 않는 앎이 무슨 소용 있으며 실천 없는 눈물이 무슨 소용 있는가.

방 안이 추워서 난로의 불을 지피면 알 수 없는 목소리가 내 귀에 속삭인다.

―이제 너는 따뜻하느냐. 이 따뜻함을 내가 너에게 주었으니 너도 누군가에게 따뜻함을 주어야 하지 않겠느냐.

―언제 오세요? 언제 오세요?

하 나 님 의 영 광 을 위하여

이청자

서대문장애인종합복지관장.

하 나 님 의 영 광 을 위하여 ．

'장애인' 하면 여러분은 무엇이 떠오르십니까? 아마 크리스천이란 이름 때문에 '사랑'이란 단어로 감싸고 싶겠지만 솔직히 말해 장애인이 우리보다 '열등'하리라는 생각은 부정하지 못할 것입니다. 우리나라는 예로부터 장애인을 부르는 여러 호칭에서 멸시를 나타냈으며, 우리 부모대부터 지금의 우리까지도 나쁜 것을 말할 때면 으레 이 호칭들을 인용하기 일쑤였던지라 여러분 내심의 생각을 비난할 수는 없습니다.

지구가 평평하다는 생각은 이제 과학적인 입증으로 어리석은 것임이 밝혀졌지만 그때부터, 어쩌면 그 이전부터 육신의 불구는 신의 저주라는 뿌리박힌 통념이 아직도 그대로 잠재해 있습니다. 그래서 장애인들을 보면 '원죄'의

냄새를 맡고 그들을 멀리함으로써 성한 자신의 죄를 은폐하려는 것은 아닌가 하는 생각이 듭니다.

장애 자녀를 갖게 되면 많은 경우 아내는 시부모나 남편에게 죄인이 되고 맙니다. 그래서 가정 불화가 생기고, 장애를 고쳐 보려고 여기저기 쫓아다니다 보니 경제적 타격이 따라붙습니다. 무슨 순환 도표 같지만 그 원인은 장애인에 대한 우리나라 사회 인식의 부족 때문입니다. 우리 스스로가 장애인을 비웃어 왔기 때문에 자신이 장애 자녀를 갖거나 본인이 장애인이 되었을 때 사람들이 천대할 것으로 생각해 열등감에 빠지고 화풀이를 남에게 돌리게 됩니다.

장애인은 충분히 교육받을 수 있는 여건을 갖지 못한 경우가 많아서 선망하는 직업을 갖기가 어렵습니다. 이는 자라나는 장애인에게 실망을 안겨 주며 발전 기회를 막게 됩니다. 따라서 장애인은 경제적으로 곤란을 겪는 경우가 많습니다. 우리나라는 국방비가 높은 것은 당연하지만 장애인을 위한 사업 투자는 비능률적이라고 생각하는 듯합니다. 성한 사람도 실업자가 많은데 누가 장애인을 고용하느냐고 일축해 버리기 일쑤입니다.

결국 장애인은 거추장스러운 존재입니다. 헌법에 명시된 기본권이 마치 장애인에게는 해당되지 않는 것처럼 소외되는 사건들이 자연스럽게 받아들여지는 것이 현실입니다.

예수님이 오시기 전 구약시대에 제물로 바치는 동물은 흠이 없는 것이어야 했습니다. 귀하고 깨끗하고 내놓기 아까운, 정말 정성이 깃들인 것을 자기의 대신으로 드리기 때문이었습니다. 동물이 아닌 사람도 장애인은 하나님 앞에 나아가지 못했습니다. 장애인은 흠이 있기 때문에 불결한 것처럼 여겨졌습니다.

그러나 이 땅에 예수님이 오셨습니다. 온 인류가 긴 세월 동안 기다렸던 메시아였습니다. 그분은 특히 어린이와 죄인과 병든 이의 친구였습니다. 예수님 주변에는 항상 병든 이가 있었으며, 그분은 진심으로 이들의 아픔을 이해하고 도와주셨습니다.

눈먼 자가 이 어두움이 누구의 죄 때문이냐고 질문했을 때 예수님께서는 오직 하나님의 영광을 위해서라고 말씀하셨습니다. 이 짧은 한마디에는 정말 많은 뜻이 함축되어 있습니다. 이 한

마디는 자신뿐이었던 성한 사람에게 일깨움을 주었습니다. 이 한마디가 열등감에 사로잡혀 제 길을 찾지 못하던 장애인들에게는 섬광이었습니다. 그리고 이 한마디가 장애 자녀로 인하여 부끄럽고 전전긍긍하던 가정에 힘을 주었습니다.

예수님. 그분은 하나님 앞에 모든 사람이 평등함을 증명하신 분입니다. 그러나 기독교인 대부분이 그 평등의 참뜻을 알지 못합니다. 팔다리가 편안치 못한 사람에게 선물이나 안겨 주고 눈 먼 이에게 축복의 기도를 내려 준다고 해서 사랑이라고 할 수 없습니다. 그렇게 한다고 그들과 자신이 하나님 앞에 평등함을 몸소 행하는 것도 아닙니다.

성치 못한 이들 앞에서는 울고 뒤돌아서면 씻은 듯 잊어버리는 그 순간적 감동의 정체란 자신이 그들보다 낫다는 우월감이 잠재된 동정일 뿐입니다. '장애인의 해'를 작년(1981년)에 맞았지만 그 숱한 구호 속에 감도는 냉랭함이 바로 평등치 못함의 반증입니다. 지금 누구 하나라도 그들의 얘기를 합니까, 또 누구 하나라도 작년의 그 숱한 계획들이 어찌 되었나 확인해 봅니까?

우리 모두 순간을 살다 가 버릴 존재입니다. 성치 않은 육신이나 성한 육신이나 모두 없었던 듯 흙이 될 우리입니다. 오로지 남는 것은 인간다움, 곧 사랑의 훈기뿐일 것입니다.

파란 하늘을 볼 수 있게 하신 하
나님.
명쾌한 새소리를 들을 수 있게
하신 하나님.
신 나게 들판을 달릴 수 있게 하
신 하나님.
신의 존재를 인식할 수 있게 하
신 하나님.

"범사에 감사하라"고 하셨습니
다. 우리는 무엇 하나 감사하는
마음이 없을 수 없습니다. 매일
매일 감사의 기도를 드리고, 장
애인을 위해 진실한 마음으로
기도드린다면 온 세상은 하나님
께서 흐뭇하게 여기시는 곳이 될
것입니다.

작은 발

추워서 파랗게 언
아이들의 작은 발
너를 보고 어떻게 안 감싸 줄 수 있으랴—
가련하기도 하지!

돌에 베고
진흙과
눈 속에서 다쳐
상처 입은 작은 발.

사람은 눈멀어
네가 지나가는 데를 모르는데,
너는 살아 있는 빛의
꽃송이 남기며 가는구나.

가브리엘라 미스트랄
Gabriela Mistral(1889~1957)
칠레의 시인, 외교관.
1945년에 노벨문학상 수상.

정현종 역
시인. 시집 《사물의 꿈》
《고통의 축제》
《나는 별아저씨》 등이 있음.

그리고 네가 네
피 흐르는 작은 발 놓는 곳에
감송(甘松)은 향기를
더 풍기는구나.

곧은길을 걸어가며
용맹스럽거라, 작은 발이여,
네가 그렇게
완전한 것처럼.

아이들의 작은 발,
고통 받는 작은 두 보석,
사람들이 지나가면서
어떻게 너를 보지 않을 수 있으랴!

근로 청소년에 대한 조그만 얘기
— 공 장 지 대 에 서 목 회 하 면 서

백도기

목사, 소설가.
작품집 《가룟 유다의 증언》
《청동(靑銅)의 뱀》이 있음.

내가 수원시 근교의 공장지대에 있는 교회에서 봉사
할 수 있는 기회를 얻게 되었을 때 사실 나의 제일 관
심사는 근로 청소년들에 대한 것이었다. 예수도 청소
년 시절에 목공 일을 하는 근로 청소년이었다. 우리가
쓰고 있는 일용품 대부분이 그들의 손으로 만들어진
다는 사실 때문에라도 그들의 위치는 결코 가볍지 않
았고, 그 무렵 그들에 대한 관심이 가장 진지한 문제
로 떠오르고 있었다.

사실 청계천 피복공장 근로자 전태일의 죽음을 생각
하면 우리 기독교는 입이 백 개라도 할 말이 없는 처
지였다. 그들의 임금 문제, 작업 환경, 생활 실태를 그
때까지 전혀 문제 삼지 않은 것은 아니었지만 한 형제
로서, 한 공동체로서 그들의 문제를 내 문제처럼 생각
해 보지 않았다는 사실은 변명할 여지가 없었다. 우

리와 한 지체인 그들, 특히 그리스도의 한 지체로서의
그들, 우리의 아우이며 누이인 그들에 대한 우리의 미
지근한 관심이야말로 얼마나 무서운 것인지를 그이의
죽음으로 확고하게 깨닫고 경악했다. 신앙이, 그 신앙
의 범주와 방향을 정하는 신학이 함께 경악할 수밖에
없었던 것이다. 모든 일에는 뜨겁든지 차갑든지 해야
한다. 미지근한 태도는 일 자체를 착각하게 만든다.
미지근한 관심이 오히려 '사람 죽인다'는 사실을 그때
우리는 실감했던 것이다.

그래서 나는 그들에게 뜨거운 관심을 가져 보기로 결
심했다. 그런데 뜨거운 관심을 갖는 것이 얼마나 어려
운 일인지를 갈수록 실감하게 되었다. 문제는 그들이
아니라 바로 나에게 있었다. 나는 끈기가 필요할 때와
인내가 필요할 때 그리고 결정적인 순간에 나 자신과

싸우다가 지쳐 나둥그러지곤 했다.

그런데 그 일을 우연찮게 서울 농대 학생들이 찾아와서 참으로 잘해 주었다. 그들은 나보다 나이도 어리고 생활의 경험도 적은데도 지혜로웠고 열심이었고 사랑을 할 줄 알았다.

그중에 핵심처럼 일했던 한 학생은 서울의 어느 큰 교회에서 중등부, 고등부, 대학부 회장을 거쳤을 정도로 교회학교 시절부터 열심히 다니던 교회를 떠나 왔다. 마침 그 교회는 영동에 이 땅에서 제일 큰 교회를 지을 계획을 세우고 그것을 위해 매진하고 있었는데, 그 학생은 지금 이 땅의 현실에서는 더 큰 교회당을 짓는 일보다 더 긴급하고 중요한 일이 있다고 생각했던 것이다.

그렇게 만난 우리는 '청년 교실'을 개설해 한 학기 회

비로 3천 원을 받았다. 가르치는 학생들도 배우는 근로 청소년들과 똑같이 회비를 냈는데, 공부를 가르치는 대신에 그들의 기술을 배우는 입장을 취했다. 근로 청소년들은 염직, 전자, 재봉, 피혁, 화장품, 플라스틱 등 자신들이 가진 기술이 전체 공정 중의 일부라서 직접 실험해 보일 수는 없었다. 하지만 자기가 하는 일을 남들에게 이해시키려면 먼저 자신이 잘 알고 있어야 했다. 그런 과정을 거치며 그들은 점차 자신이 하는 일이 결코 하찮치 않음을 스스로 깨닫게 되었다. 서로 배우고 가르치는 대등한 입장이 되었을 때 그들은 비로소 친구가 될 수 있었다.

한 학기가 끝나면 제 2학기의 문을 열었다. 그리고 그 과정이 다 끝나면 독서를 통한 모임을 계속 가졌다. '청년 교실'에서는 상급 학교에 진학하는 예비 학

교의 구실을 하려 하지 않았다. 그럴 능력도, 그렇게
할 생각도 없었다.

우리는 '성숙한 사람', 즉 신앙적으로 정신적으로 성
숙해지기를 원했고 그 일을 하려고 했다.

그래서 우리 주변의 현실을 함께 공부하여 현실에 대
한 역사의식을 깨닫게 하고 그것을 신앙화하려 했다.
두 학기째가 끝나는 수료식 날 밤 쫑파티를 하는 자리
에서 한 근로 청소년이 말했다.

"나는 전에는 우리 사장님을 미워했습니다. 시간 외
노동을 시키고도 수당을 안 주려고 꾀부리고, 기숙사
는 시설이 엉망이고, 회사 밥은 먹기가 어려울 정도인
데 입만 열면 혼자 다 애국하는 체 떠들어 대는 그 사
람을 미워했는데, 지금은 불쌍하고 가엾고 때로는 우
습기도 합니다. 뭣 때문에 별것도 아닌 돈을 벌려고

저렇게 야단일까 하고요. 내 신세보다 훨씬 딱해 보여
서 이제 미워하지 않고 기도해 주기로 했습니다.”

그의 말을 듣고 나는 속으로 뜨겁게 울었다.

‘하나님, 드디어 당신의 한 아들이 권력이나 부를 별것
도 아닌 것으로 생각하게 되었습니다. 우리가 가장 이
해하기 어려운 일을 저 어린 아들이 이해했습니다.’

권력을 쥔 사람이 부러워 권력과 싸우고, 부가 부러워
자기보다 더 가진 자를 미워하게 되면 그 싸움에서
결코 이길 수 없음을 우리는 역사를 통해 뼈저리게
깨달았다. 이 깨달음을 통해 우리는 권력과 부 대신
에 ‘하나님의 나라’와 ‘그 의(義)’를 택하게 되고 그것
을 통해서만 완전하고 영원한 승리를 거둘 수 있다는
사실을 배웠던 것이다.

그 무렵부터 나는 이상하게도 그들 앞에서 무슨 말을

하기가 조심스럽게 느껴졌고 두려웠다.

그들이 만든 책, 그들이 쓴 시를 보고 읽으면서 더욱 그런 느낌을 갖게 되었다. 이런 느낌을 가진 것은 나만은 아닌 듯싶다. 뭘 가르쳐 보겠다고 나섰던 학생들도 그런 느낌을 고백했다. 그래서 그들은 이제 정말 속을 털어놓는 친구가 되었다. 일상의 친구가 된 것이다. 서로 상대방을 존중하고 아끼는 그런 친구 말이다.

한번은 '청년 교실' 등록자가 한 명뿐이었는데 그 청년 한 사람 때문에 여덟 명이 시간을 내어 쫓아다니며 서로 만나 가르치고 배우고 했다. 수료식 날 서로 팔짱을 끼고 찬송가를 부르면서 그들은 자주 목이 메곤 했다.

나는 겨우 수료증을 나눠 주는 일이나(그 수료증 아래쪽에 내 이름이 있었으므로) 하고 근로 청소년 중에 누구

누구가 동거 생활을 하고 있다는 얘길 들으면 이상하
게 빨리 결혼식을 올려 주고 싶어, "우리 교회에 와서
결혼식 올려라. 내가 공짜로 주례해 줄 테니" 하고 졸
라 몇 번 주례를 서 본 일 말고는 더 쓸 얘기가 없다.
우리가 계획한 대로 최소한 한 달씩만이라도 같이 먹
고 자면서 같이 생각하고 서로 배울 수 있는 공동생
활 장소를 어서 마련하고 싶다. 그래서 그런 걸 원하
는 사람들끼리 만나 성숙한 그리스도인으로서 친구가
되어 가는 걸 구경하면서 눈에 눈물이나 마르지 않고
살 수 있다면 얼마나 근사한 일이랴.

내
마음의
눈을 돌려

정연희

소설가.
창작집 《석녀(石女)》
《목마른 나무들》
《늪에서 나온 사람》
《양화진》 등이 있음.

양로원. 그림자 같은 사람들이 모여 사는 곳이다. 하얗게 세어 버린 그림자. 힘없이 주름 잡힌 그림자. 본래의 형상이 지워지고 희미한 그림자만 남아 있는 것 같은 사람들이 모여 사는 곳이다.

그들에게는 이제 고뇌할 힘이 없다. 슬퍼할 기력도 없다. 화를 내거나 원망할 기운도 남아 있지 않다. 오직 목숨과 함께 남아 있는 것은 희미한 그리움 같은 것, 그 그리움이 어디에 이어져 있는지조차 때때로 알 수 없어지는…… 그림자 같은 나날을 그림자처럼 딛고 있을 뿐이다.

그곳에 살고 있는 노인의 하얗게 세어 버린 머리를 보기 싫다 하겠는가. 누구라서 그 얼굴의 깊은 주름들을 흉하다 외면할 수 있겠는가.

검은 머리 파뿌리 되기까지 그가 살아 낸 인생의 노정을 누가 감히 저울질할 수 있으며, 홍안의 보기 좋던 얼굴이 쭈그렁 주름 바가지가 되기까지 그가 감당한 인생의 고통과 슬픔을 누가 되질할 수 있겠는가.

흰머리의 값은 그 사람 혼자만의 값이며, 주름의 값 또한 누구와 나누어 갖거나 깎아 내릴 수 없는 그 사람만의 엄숙함이다.

그러나 그들은 기억조차 시들고 있는 뒤안길을 기웃기웃 가고 있는 것이다. 그의 이웃도 기억해 주지 않으며, 그 자신도 자기 자신에 관한 것들을 거의 다 잊어 가는 길을 지척지척 걸어가고 있다.

누군가는 양로원 담장을 흘깃 바라보면서 "대충 비슷한 조건 앞에 던져진 인생, 늙마에 저 모양으로 비참해진 것은 저 할 탓이었지, 이제 와서 누구를 원망하고 누구한테 떼를 쓰며 기대겠어?" 하고 간단히 말해 버릴지 모르지만, 어떻게 어느 한 인생의 비참이 그 한 사람만의 것이라고 밀어붙일 수 있더라는 말인가.

양로원이라는 곳은 언제 어느 때 가 보아도 쓸쓸하다. 아무리 마음의 무장을 단단히 하고 찾아가도, 찾아가기 전에 지어 먹은 마음은 간 곳 없고 그저 마련 없이 쓸쓸할 뿐이다. 이제는 돌아갈 길만 남은 인생의 황혼 길이라는 것이 으레 그런 것이니, 그곳이 굳이 양로원이기 때문만은 아니겠지만 마음을 그늘지게 하는 곳임에는 틀림없다.

더구나 저 기름진 나라들, 돈 많고 사회복지제도가 튼튼한 나라의 양로원이 갖추고 있는 시설과 설비와 그 밝은 분위기에 비교한다면, 우리나라 양로원의 눅눅한 분위기는 아무래도 우울한 것일 수밖에 없다. 양로원 거의가 법인체로 등록되어 있고 나라의 보조를 어느 정도 받고 있다지만 어찌 되었건 그곳은 가난한 지대요 추운 자리요 소외된 저쪽의 세계일 수밖에 없다.

스웨덴의 양로원은 우리 개념 속에 있는 양로원이라는 말을 빌려 부르기가 미안할 만큼 밝고 깨끗했다. 놀랍게 갖추어진 의료 시설과 청결한 주방, 그리고 각자 취미와 기능을 살려 부업을 가질 수도 있는 작업실과 오락실, 방들은 그다지 넓지 않았지만 방마다 방 주인의 취향에 맞게 꾸며져 아기자기했다.

우리나라 양로원과 그곳 양로원이 근본적으로 다른 것은, 우리나라의 경우에는 자식이 없거나 의탁할 데가 전혀 없어 맨손 맨몸으로 노구를 떠안기러 찾아드는 곳이요, 스웨덴에서 들러 본 그곳은, 젊어 한때 한다 하게 살던 분들이 자식들 성가(成家)시켜, 유산 줄 것 다 주고 자식들에게 기대기 싫다면서 자기 먹을 것 가지고 들어간 경우다. 복지제도가 튼튼한 나라에도 무료 무의탁자 양로원이 많겠지만 본질적으로 다른 것은, 그들이 다분히 긍정적인 인생관을 지니고 말년까지도 힘 닿는 대로 밝게 다스리며 살아간다면, 우리나라의 경우에는 무조건 부정적인 각도에다 고개를 틀어박고 막무가내로 인생의 또 다른 면을 보려고 하지 않는 그 점일 것이다.

물론 개중에는 타고난 성품을 따라 밝고 명랑하게 살면서 이웃을 돕고 당신 자신도 건강하게 사는 분이 없지 않다. 남을 도와서 밥도 나르고 부엌일도 도우며, 광주리를 이고 나가 장사해서 맛있는 것도 사다가 나누어 먹기도 하면서, 하루하루를 실하고 건강하게 사는 분도 아주 없지는 않다.

그러나 우리 양로원의 경우에는 살 것 다 살고 나서 이제는 한 가지밖에 기다릴 것이 없다는 자세로 지키고 있는 노인이 대부분이다. 어차피 양로원이라는 곳은 생성(生成)보다는 잔조(殘照)와 소멸을 보여 주는 자리이기는 하지만.

전남 광주에 있는 천혜양로원의 경우, 아직 삼십 중반의 젊은 부부가 선대 아버지이신 목사님의 뜻을 받들어 의지가지없는 노인들을 받아들여 함께 생활하고 있다. 2백여 명 노인들만 모여 사는 노인의 나라에서 그들은 아기 낳고 살림하며 그들의 젊음을 외로운 노인들께 나누어 드리고 있다.

큰 살림이다. 그 울타리 속은 하나의 세계요 나라였다.

빨리빨리 돌아가는 것은 노인들을 돕기 위해 움직이고 일하는 사람들 몇몇뿐 나머지는 느리고 힘이 없다. 원장의 젊은 아내는 마디 굵고 험해진 손을 비비며 천사 같은 얼굴로 쓸쓸하게 웃는다.

"새로 들어오셔서 낯 익히고 정들 만하면 우리 손을 잡고 세상 떠나시기가 예사죠 뭐. 어느 때 언제 닥칠지 알 수 없어서, 늘 마음의 준비는 하고 지내는 형편이지만 잠에서 깬 아침에 또 한 분이 우리 곁을 떠나셨다는 것을 알게 될 때는 어쩔 수 없는 허망함에 빠지고는 하지요."

그는 살림을 총괄하는 것 외에도 쉬지 않고 방방을 들여다보아야 하고 드나들어야 한다.

더러는 머리 손질을 해 드려야 하고, 긴 머리를 간편하게 다듬어 드리기도 해야 한다. 눈이 어두워 손톱도 다듬지 못하는 분을 위해 손톱깎기를 허리춤에 차고 다닌다. 기동하지 못하는 분의 몸도 씻겨 드려야 하고 앓는 분에게 밥도 떠 넣어 드려야 한다. 망년기가 있는 할머니, 할아버지 투정도 받아들여야 하고, 이따금씩 대판으로 벌어지는 싸움 때문에 중재자 노릇도 해야 한다.

그러나 그것은 그래도 즐겁게 일하고 힘낼 수 있는 경우다. 어느 때는 며칠 앓으시다가 세상을 떠나고, 어느 때는 전날까지 생생하시던 분이 눈을 감아, 관을 맞추고 장례 치를 준비를 해야 하는데 그때마다 힘이 든다고 한다. "노인만 모여 계신 곳이니 으레 있는 일이라고" 하면 그만일 것 같지만 매번 그때마다 허망과 슬픔을 한 차례씩 겪는 일이 힘들다고 했다. 고아원은 쑥쑥 자라서 어른이 되고 자립하는 열매도 볼 수 있지만 이곳은 다르다고 했다.

스웨덴 양로원의 방에는 어디에나 훌륭한 집 한 채가 그려진 풍경화가 꼭 하나씩 걸려 있었다. 어째서 이렇게 풍경화를 좋아하는지를 생각하다가 그 이유를 물었더니 반색을 하면서 신이 나서 자랑이다.

"그건 내가 살던 집이에요. 영감과 함께 지은 집이죠. 지금은 아들네가 손자들과 함께 살고 있답니다. 좋은 재목들을 쓴 집이죠. 몇백 년을 살아도 끄떡없을걸요? 그 주변의 숲은 또 얼마나 아름답다구요. 집 울타리 안의 나무들도 다 그 심겨진 날짜가 있거든요. 우리는 우리의 기념일마다 나무를 심었어요. 지금은 손자들이 그 나무 그늘을 즐기며 살고 있답니다. 나는 이따금 아들네 집으로 나들이를 가지요."

그 집을 찍은 사진은 그들의 추억의 열매요 훈장이었다.

남편이 먼저 떠나고, 혹은 아내를 먼저 보내고 남은 외톨들은, 그러나 남겨졌다거나 버려졌다는 생각보다 먼저 간 그들이 하늘나라에서 자기를 기다리고 있다는 생각으로 어느 때는 그것이 자부심처럼 나타나기까지 한다.

대개 그들은 추억을 생생하게 입체적으로 안고 있다. 그들 추억 속에 있는 사람들은 세상을 떠나간 사람이거나 먼 곳에 떨어져 사는 사람일지라도 언제나 생각하는 그 자신과 함께 살고 있다고 그들은 믿는다.

그러나 우리네 관념 속에 웅크리고 있는 양로원은 담장 하나 높직이 세워진, 내 삶의 현장과는 동떨어진 저쪽의 세계에 불과하다고 해도 과언이 아닌 그런 곳이다. 마치 나는 언제까지나 그 위치에 갈 일이 없는 사람처럼, 그 세계와는 영영 상관할 일이 없는 사람처럼 살고 있다. 그 길은 그 당자(當者)가 그렇게 만든 자기의 운명일 뿐이라고 밀어붙이고 아예 상관하려 들지 않는 것이 우리들 주변의 분위기다.

이따금 종교 단체나 자선 기관에서 찾아간다. 하지만 우우 몰려갔다가 밀물 빠지듯 우우 몰려나오고는 하니, 젊은이들 얼굴 잠깐 스치고 나면 그 뒷자리가 더욱 적막강산이 된다는 것을 몇 사람이나 알고들 있는지. 그나마 그 밖의 사람들에게는 그곳에서 살아가는 노인들의 문제가 자신들과는 전혀 상관없는 것으로 밀어 치워진 것 같은 이런 분위기를 어떻게 해석해야 할지 알 수 없는 일이다.

현대 물질문명에 매인 사회구조가 그런 것이라고 하겠지만, 인간이면 누구나 미구에 다다르게 될 그 자리에 앞서 가 있는 그들에 대하여 우리 모두가 너무 무심한 것이다.

"아, 내 아버지 내 어머니, 우리 집 할머니 할아버지 문제만으로도 머리가 무겁고, 또 이 복잡한 세상 내 울타리 제대로 꾸려 가는 일만으로도 벅찬데 무슨……" 하고 눈을 부릅뜰 일일지 모른다. 하지만 양로원에 있는 노인 하나 하나를 어떻게 해 보자는 뜻이 아니라, 이웃해 살고 있는 우리 각자가 서로를 향해 지니는 마음자리를 지금과 달리 다스려 봄이 어떨까 하는 이야기다.

우리가 발붙인 이 지구라는 행성에는 그늘에서 고통 받는 사람들이 너무도 많다. 인구의 4분의 1에 해당하는 사람들이 굶주림으로 눈물을 흘린다. 또 질병으로 그 슬픈 육신을 감당하지 못하고 뒹굴고 있다. 전쟁은 예서 제서 끊이지 않아 수많은 고아와 과부들이 생겨난다. 압제당하는 사람, 억울한 사람, 그리고 외롭게 늙어 가는, 인류의 필연인 노인들이 있다.

그러나 우리는 모두 그런 곳을 돌아볼 겨를 없이 바쁘다고 한다. 나 하나 잘 살아 주는 것만도 미덕이 아니냐고 우기면서, 어떻게 하면 좀 더 맛있는 것을 배부르게 먹을 수 있을까, 어떻게 하면 거드럭거리며 내보일 큰 집에서 살 수 있을까 궁리하며 그 길로 달려가기가 바쁘다고 한다. 그러한 여건이 갖추어진 사람들은 명예, 권력, 금력의 맥을 찾아 혈안이 되었거나, 그렇지 않은 소시민들은 그저 하루하루 편하고 기분 좋게 사는 길을 찾아 바쁘고 또 바쁘다. 왜 바빠야 하는지, 정작 우리가 도달해야 할 그 자리가 어딘 줄도 까맣게 모르는 채.

이따금 우리는 그 내닫던 달음질을 멈추어야 한다. 멈추는 그 자리에 굶주리는 사람, 병든 사람, 고통 받는 사람, 죽어 가는 사람, 늙고 외로운 사람이 있다는 것을 놀란 눈으로 보게 될 것이다. 그리고 우리는 그 자리에서 생의 엄숙성을 배우게 될 것이다.

그러한 자세나 결단은 그들을 돕는 것이 아니라 나 자신을 돕는 일이라는 사실을 알아야 한다.

이웃의 고통에 마음의 눈을 돌리고 잠시나마 그들과 함께한다는 것은 내가 내 인생을 가다듬고 점검하는 생의 교과서와의 대면 같은 것이 아니겠는가.

정작 보아야 할 것, 알아야 할 일 다 제쳐 놓고 외면하며 우리는 무엇하러 어디로 그렇게 바쁘게 달려가야 한단 말인가.

내가 흠 없는 육신 건강하게 갖추고 나만을 위한 일 하느라 정신없이 돌아갈 때, 불구를 껴안고 고통 받는 사람들이 있음을 기억해야 할 것이다.

이 땅 위에 나와 함께 존재하면서 무슨 이유로든 고통 받는 이들이 있다는 것은, 바로 그들이 나 대신 내 몫의 질고(疾苦)까지 짊어진 사람들이라는 사실을 기억하자.

그것은 겹쳐진 내 운명이요, 외면할 수 없는 내 모습인 것이다.

고통 속에 있는 이웃을 향하여 마음을 열어 보자. 어느 절기라도 좋고 연말에 한 번이라도 좋으니, 나 자신을 돌아보고 정리하는 뜻으로라도 내 참마음의 눈길을 그쪽으로 돌려 보자.

2

사 랑 케

하 소 서

우리 가운데 계신 당신을

I

주님,

당신은 하느님의 아들로서

온갖 멸시와 오해와 미움 속에서

이 세상

그 어느 누구보다도 고독하게

우리 가운데 오셨고

수난을 받으시고

십자가 위에 죽으시고

부활하심으로써

죽을 운명의 우리에게

구원을 주셨나이다.

하느님으로 말미암아

하느님과 더불어

하느님 안에서 부활하신

나사렛 예수

당신이 바로 우리의 구세주이심을 믿나이다.

그리고 당신이야말로

조광호

신부.
인천가톨릭대학교
조형예술대학 교수.

구원과 해방의
기쁜 소식을 선포하신
사랑의 하느님이심을
우리가 믿나이다.

당신은
집에 머물러 있는 아들보다
멀리 떠난 탕자를,
바리사이보다 세리를,
정통 유대인보다 이단적인 사마리아인을,
죄녀를 끌고 온 의인보다
끌려 온 죄녀를
더 아끼시고 사랑하신 하느님이심을
우리가 믿나이다.

오늘도 당신은
지극히 평범한 우리들의 일상 가운데
살아 계신 분이심을
우리가 믿음으로 인하여
이제
우리가 비록
억울하게 손해를 보고
고통을 당하는 경우에라도
더욱 정직해야 하고 친절해야 하는

그 까닭을 알게 되었나이다.

그리고 우리가
가난하고 고통 받는 이웃 형제들 편에서
불의한 현상들을 거슬러 투쟁하고
끝없는 그 고통을 나누면서도
겸손하게 당신께 감사를 드려야 하는
그 이유를 깨닫게 되었사오니
당신은 찬미를 받으소서.

그러하오나 주님,
아직도
우리들의 삶은 고통과 고난,
죄악과 고뇌,
온갖 병고와 죽음으로 가득하옵니다.
그 어느 누구도 피해 갈 수 없는
이 삶의 예정을
당신을 따르는 우리도 또한 걷고 있나이다.

주여,
끝없는 수렁처럼 그 바닥을 알 수 없는
우리들의 이기심 가운데서,
창궐하는 죄의 유각 한가운데서도
생활하시고 살아 계신 주여,

무한의 능력을 과시하면서도
진정으로 우리가 무엇을 해야 하는지를
모르고 있는 우리를 굽어 살피소서.

오늘도 몇천 명의 당신 자녀들이
일용할 양식을 얻지 못하여
죽어 가고 있는 것은
이 지상에 빵이 모자라기 때문이 아니라
함께 나누어 가질 수 없는
우리들의 마음 때문입니다.
주여,
이 세상 누구나
사랑받아야 할 사람들임에도
버려지고 짓밟히고 억눌리는 까닭은
당신 때문이 아니라
오직 우리 때문임을 고백하나이다.

II

주님,
저는 어느 해 겨울
참으로 쓸쓸했던 성탄절을 아직도

기억하고 있습니다.

제가 묵고 있던 나환자 정착촌,

그 작은 성당 마당에 몰려왔던

어느 도시의 부인회원들이

동정 어린 눈빛으로 건네던 풍성한 선물과,

아름다운 성탄 성가를

아직도 기억하고 있습니다.

하지만 바로 그때

당신은 뭉개지고 일그러진 모습으로

먼발치에 외롭게 서서 고개를 숙인 채

그들 한가운데서 울고 계셨음을

저는 눈여겨보았습니다.

주여,

그들에게 참으로 필요했던 것은

빵이 아니라

따뜻한 사랑이었습니다.

그들이 감내해야 했던 고독, 그것이야말로

진실로 견디기 어려운 굶주림이었습니다.

그리고 그것은

그들에게

나병보다 더 큰 질병이라는 것을

저는 깨달았습니다.

주여,

이 시대 우리에게 가장 큰 빈곤은

물질적 궁핍이 아니라

바로 사랑의 굶주림에 있다는 사실을

우리로 하여금 더욱더 절실히 깨닫게 하소서.

주여,

제가 때때로 몹시도 두렵고

어두운 공허 속에

소스라쳐 놀라는 것은

당신을 위해

한 생애를 바치기로 서약한

바로 제 자신 안에서

당신이 무시당하고

멸시당하고 있다는 사실입니다.

무수한 사람들 가운데

당신이 보내 주신 저의 이웃들,

바로 그들 가운데

당신 자신이 헐벗고 굶주린 채

온갖 푸대접과 미움 속에서

참으로 고독한 모습으로 계신다는 사실을

까맣게 잊으면서도

사랑 때문에 희생당하신 당신을 전하려 하였사오니

주여, 저의 이 무례함과 비참함을 용서하소서.

멸시받고 짓밟히고

억눌리고 수탈당하는 이웃을 위해

제 자신은 아무런 희생도 치르지 않은 채

불의와 부정에 굴복당하면서도

정의와 자유를 설교한

저의 이 위선과 비굴함을 용서하소서.

죽은 자를 일으키시고

병든 자를 고쳐 주시고

넘어지는 이들을 돌보시며

단죄하는 대신 용서하시고

속박하는 대신 해방시키시는

사랑의 하느님이시여,

우리 모두가

물질적으로 가난한 자이건

영적으로 궁핍한 자이건 간에

우리 인간은 누구나

구원되어야 할 사람들임을

잊지 말게 하소서.

멸시와 증오로써 기적을 보이기보다

실수를 범하더라도

사랑의 사람이 되게 하시고

많은 말로써가 아니라

지극히 작은 행동으로써도

언제나
가난하고 고통 받는
우리들의 이웃과 함께
그 고난을 나누어 지는
기쁨의 사도가 되게 하소서.

그리하여
지금
우리 가운데 계신 당신을
올바로 섬기게 하옵시고
다시 오시는 그날
우리로 하여금
영원히 당신을 만나 뵙게 하옵소서.
아멘.

일어서라 풀아

일어서라 풀아
일어서라 풀아
땅 위 거름이란 거름 다 모아
구름송이 하늘 구름송이들 다 끌어들여
끈질긴 뿌리로 닭힌 얼굴로
빛나라 너희 터지는
목청 어영차
천지에 뿌려라

이제 부는 바람들
전부 너희 숨소리 지나온 것
이제 꾸는 꿈들
전부 너희 몸에 맺혀 있던 것
저 바다 집채 파도도
너희 이파리 스쳐 왔다
너희 그림자 만지며 왔다

강은교

시인.
시집 《허무》 《풀이》
《빈자일기》 《소리집》,
산문집 《추억제》 《우리가
물이 되어 만난다면》
등이 있음.

일어서라 풀아

일어서라 풀아

이 세상 숨소리 빗물로 쏟아지면

빗물 마시고

흰 눈으로 펑펑 부으면

가슴 한 아름

쓰러지는 풀아

영차 어영차

빛나라 너희

죽은 듯 엎드려

실눈 뜨고 있는 것들

오정희

소설가.
작품집으로 《불의 강》
《유년의 뜰》 등이 있음.

어떤 생일 축하

이것은 가까운 내 친구의 이야기다.

"내 생일에는 왜 친구들을 초대하지 않지?"

올해 초등학교 2학년인 큰아이가 아침 밥상머리에서 시무룩하게 물었다.

큰아이의 말에 은자 부부는 그저 마주 보며 웃었다.

자기 생일이 언제인지도 모르던 아이는 올 들어 몇 차례 반 친구의 생일에 초대를 받아 본 뒤로, 내 생일이 얼마나 남았는지 손꼽아 보고 생일 케이크를 사 올 것인지, 무슨 선물을 줄 것인지를 벌써부터 물어 오던 터였다.

오늘은 큰아이의 생일날이지만, 미역국이 놓였다 뿐 여느 날과 다름없는 상차림이었다. 생일상이 유다르지 않은 건 비단 이번만이 아니고 작년, 올해에 비롯된 일도 아니다. 은자네 가족의 생일은 한결같이 그랬다.

은자는 큰아이와 작은아이를 각각 학교와 유치원에 보낸 뒤 집 안을 대강 치우고 시장으로 나갔다. 청과시장에서 사과와 귤을 한 궤짝씩 사서 택시에 싣고 멀지 않은 S보육원으로 향했다.

칠 벗겨진 미끄럼틀, 두 틀의 그네, 시소가 전부인 빈약한 놀이 시설에 매달려 있던 아이들이 더러는 우르르 문께까지 와서 그녀와 그녀가 가져온 과일 궤짝을 말끄러미 바라보기도 하고 더러는 추운 듯 잔뜩 목을 움츠리고 손을 주머니에 찌른 채 멀거니 서 있기도 했다.

일 년에 고작 네댓 차례, 그녀 가족의 생일을 맞아 올 뿐이지만, 이곳에는 세월이 멎어 있는 듯 풍경은 변함이 없었다. 회색의 단층 건물, 그다지 넓지 않은 운동장, 언제나 굳게 닫혀 있는 철문과 밖에서 안이 들여다보이지 않게끔 높은 블록담, 그리고 풀기 없는 어린아이들, 은자는 마른버짐이 피고 꺼칠한, 늘 추워 보이는 아이들의 얼굴을, 돌아서면 하나도 기억해 낼 수 없었다. 아이들이 모두 고만고만하게 어린 탓만이 아니었다. 운동장의 빈약한 놀이 시설에 매달려 있거나 양지 쪽에 앉아 겨울의 약한 햇볕에 옹송그리고 있는 아이들은 사랑과 따뜻함에 주림과 갈구로 모두 똑같은 얼굴이 되어 있기 때문이라는 것은 좀 더 훗날 얻은 깨달음이었다.

은자는 가져간 물건들을 현관에 부려 놓은 채, 안에서 누군가 나오기 전에 도망치듯 보육원을 나왔다. 은자는 끝내, 습관적인 몸짓과 훈련으로—도와주러 오는 고마운 분들에게 으레 그래야 한다는 가르침을 받았을 것이므로— 뒤따라 나오며 안녕히 가세요, 고맙습니다, 하고 외치는 아이들을 바라볼 수가 없었다. 자신이 자식을 낳고 기르기 때문에, 그 아이들이 진정 원하는 것, 필요로 하는 것이 무엇인지를 알기에 부끄러움을 누를 수 없는 것이다. 짐승처럼 억세고 본능적인 모성으로 내 아이들을 감싸고 품에 안으면서, 찬바람 속에 버려진 숱한 남의 아이들에게는 이따금 과일이나 한두 궤짝 안겨 주는 것으로, 나는 너희를 잊지 않는다, 이것이 내 마음의 빚, 자식들에 대한 사랑의 빚을 조금이나마 갚는다고 말할 수 있을까. 이것이 진정한 의미의 나눔인가, 먹다 남은 것을 버리듯 주는 것은 아닌가. 숱하게 묻고 대답하며, 보육원 문을 나서는 은자의 마음은 착잡했다.

은자가 이곳을 드나들기 시작한 것은 큰아이를 낳고부터였다. 아마 8년 전일 것이다. 늦가을 비가 꽤 세차게 퍼붓던 날이었다. 일찍 저문 밤길을 재촉하며 우산을 잔뜩 숙여 쓰고 지나가던 은자는 보육원 대문 앞에 놓인 플라스틱 바구니를 보았다. 서너 걸음 무심히 지나치다 무언가 세게 당기는 느낌에 되돌아와 그것을 들여다보았다. 놀랍게도 담요에 싸여 얼굴과 두 손만 내놓은 아기였다. 그때 등골을 훑고 내려가던 전율을 은자는 잊을 수가 없었다. 보육원 대문 처마밑, 간신히 비를 피해 놓여진 아기는 자신이 처한 끔찍한 상황도 알 리 없이 골목 맞은편의 가로등 불빛을 올려다보며 무심히 주먹을 빨고 있었다.

짐작이 가는 일이었다. 은자는 그때 자신에게도 꼭 그만큼 어린 갓난아기가 있다는 것, 자신의 걸음을 그토록 서둘게 한 것은 퉁퉁 불어오는 젖과 집에서 기다릴 아기의 배고픔이라는 것을 떠올렸다. 그러자 순간적으로 이 아기가 바로 자신의 아이인 듯한 느낌이 들었고, 따라서 아이를 버린 것이 자신인 듯 발길이 떨어지지 않았다. 아니 아기를 처음 본 순간부터 그녀를 사로잡고 놓지 않는 것은 '죄'라는 느낌이었는지도 모른다.

어쩌자는 작정도 없이 아기에게 다가갔을 때 아까부터 이 편을 지켜보고 있었던 듯, 맞은편 구멍가게의 늙수그레한 아주머니가 나왔다.

"내버려 두시우. 지금 애어미가 근처에 숨어서 애 들여가기만 기다릴 꺼유. 보육원에는 이런 일이 잦아요. 어느 틈에 갔다 놨을까. 말세야, 말세. 제 속으로 낳은 자식을 버리다니, 금수만도 못하지. 굶기든 죽이든 제 자식은 제가 길러야지. 여기 고아원 애들 꼴을 보면 영 불쌍하기 짝이 없다우. 사람 생명이 천하기로 들면 버러지만도 못해."

스스로 치미는 역정을 누르지 못함인지 아니면 어두운 골목의 어디쯤 숨어 이쪽을 지켜보고 있을 애어미를 의식해서인지 아주머니는 언성을 높이며 담요를 들췄다.

"생긴 건 잘생겼네. 고추야. 이렇게 될 바엔 뭣하러 세상 밖에 나왔니."

"보육원 안에다 알려야 되잖아요. 밤새 이렇게 두다간 변 나겠어요."

"내버려 두고 색시는 가 봐요. 종내 안에서 기척이 없으면 애어미가 도루 데려갈 거요. 아무리 모진 에미라도 제 자식 죽게 내버려 두진 않을 거야.

좀 더 기다려 보다가 소용이 없으면 나라도 들여놓을 테니. 고아원 앞에

살다 보니 이런 경험이 많다우."

그날 밤 은자는 잠든 아이 얼굴을 마냥 들여다보며 잠을 이룰 수 없었다. 첫아이를 낳은 엄마들이 대개 그러하듯 은자 역시 세상에서 좋다는 것은 다 구해 먹이고 갖게 하고 싶은 맹목의 모성에 사로잡혀 있었다. '건강하고 바르게만 자라다오'라고 되뇌지만 그것은 더 많은 바람과 자신의 욕망을 감추기 위한 말이었다. 세상 어느 부모가 자신의 아이에 대해 '건강하고 바르게'만으로 만족하겠는가. 찬비 속에 버려진 아이가 내내 눈에 밟히며 은자는 이제까지 아기에 대한 사랑이라고 믿어 왔던 자신의 행태가 부끄럽기 짝이 없었다. 건강한 몸과 우수한 두뇌, 뛰어난 재질, 감성을 갖게 하기 위한 훈련 그리고 무엇보다도 바깥의 온갖 위험으로부터 보호하고자 하는 애정이 단지 그것이 '내 아이'이기 때문에, '내 아이'에게만 바쳐지는 것이라면 사랑이 아닌 탐욕, 이기심, 소유욕일 뿐이 아닐까.

내 아이를 따뜻이 재우고 배불리 먹일 때 그렇지 못한 아이를, 똑같이 무구한 생명을 받아 태어났으나 불행한 아이들을 생각함이 없다면, 조그만 나눔이라도 없다면 그것은 어쩌면 남의 밥을 훔치는 짓이 아닐까. 그러나 현실적으로 무엇을 어떻게 할 수 있는지 은자로서는 막연했다. 고아를 데려다 키울 형편은 못 되고 후원자가 되는 일도 어려웠다. 5급 공무원의 봉

급으로 두 아이를 기르며 사는 생활은 사뭇 쥐어짜듯 빡빡했다. 생각 끝에 떠오른 방법이 가족의 생일을 생략하고 조촐한 상차림에 들 비용으로 보육원에 작은 마음의 표시를 하자는 것이었다. 사실 생각하면 스스로 축하하는 생일이 무슨 의미가 있겠는가. 가족의 만남, 태어남을 감사하고 그것을 작은 '나눔'으로나마 표시하는 것, 그것은 그녀 나름의 가족에 대한 사랑의 방법이었다. 버려진 아이들에 대해 진정 가슴 아파하고 함께 추워하며 사랑을 갖게 될 때 비로소 자신의 아이들에 대한 바른 사랑이 이루어지고 아이들 또한 '나눔'의 의미를 배울 수 있으며, 불행한 이들을 위해 좀 더 적극적으로 일할 수 있는 길이, 힘이 그녀에게 주어지리라 생각하는 것이다.

가을에

우리가 고향의 목마른 황톳길을 그리워하듯이

내가 그대를 사랑하는 것은

그대가 내게 오래오래 간직해 준

그대의 어떤 순결스러움 때문이 아니라

다만 그대 삶의 전체를 이루는, 아주 작은 그대의 몸짓 때문일 뿐

이제 초라히 부서져 내리는 늦가을 뜨락에서

나무들의 헐벗은 자세와 낙엽 구르는 소리와

내 앞에서 다시 한 번 세계가 사라져 가는 모습을

내가 버리지 못하듯이

내 또한 그대를 사랑하는 것은

그대가 하찮게 여겼던 그대의 먼지, 상처 그리고 그대의 생활 때문일 뿐

그대의 절망과 그대의 피와

어느 날 갑자기 그대의 머리카락은 하얗게 세어져 버리고

그대가 세상에서 빼앗긴 것이 또 그만큼 많음을 알아차린다 해도

김정환

시인.
시집 《지울 수 없는
노래》가 있음.

그대는 내 앞에서 행여

몸 둘 바 몰라 하지 말라

내가 그대를 사랑하는 것은

그대의 치유될 수 없는 어떤 생애 때문일 뿐

그대의 진귀함 때문은 아닐지니

우리가 다만 업수임 받고 갈가리 찢겨진

우리의 조국을 사랑하듯이

조국의 사지를 사랑하듯이

내가 그대의 몸 한 부분, 사랑받을 수 없는 곳까지

사랑하는 것은.

— 〈지울 수 없는 노래〉 중에서

마음이
가난한
사람들

김원우

소설가.
작품집 《무기질
청년》이 있음.

연말이 다가오면 누구나 자신의 신변을 되돌아보게 된다. 또 한 해가 덧없이 지나갔다는 허망감 때문에 자기반성을 할 기회를 스스로 찾는 탓일 게다. 자기반성의 기회야 많을수록 좋을 터이다. 그런데 유독 연말이면 이런 자기반성 끝에 저마다 불우한 이웃과 불구의 몸으로 세파를 이겨 내는 사람들에게 조그만 성의라도 표하려 한다.

이제 이런 성의 표시는 우리네 사회생활 속에서 하나의 관례가 되고 만 느낌이 든다. 관례가 다 좋은 것은 아니지만 불우한 이웃과 불구의 형제들을 돕는 일은 연중무휴로 이루어져야 할 만큼 좋은 일일 것이다.

어느 기업체에서 하루 여덟 시간씩 열심히 일하고, 그리고 가끔 월간 문예잡지에 소설을 발표하는 한 사람의 작가로서 나도 당연히 대다수의 소시민들처럼 연말이면 자기반성을 한다.

연초에 계획한 일들은 제대로 마쳤나? 신세 진 분에게 마음의 빚을 지고 있지나 않나? 나의 경거망동과 쓰잘 데 없는 언사로 인해 물질적으로, 또는 정신적으로 피해를 입은 사람은 없을까? 주변의 친지와 지인들에게 허황한 약속만 늘어놓은 식언자가 되지 않았나?

매년 연중행사처럼 이런 자기반성을 하면서 나는 항상 평소에 사람을 식별하는 나 나름대로의 판단법으로 나 자신을 도마 위에 올려놓는다. 나 나름대로의 '인물 판단법'이란 이런 것이다. 대체로 사람은 세 종류의 유형으로 대별할 수 있다고 나는 생각한다.

첫째 부류에 속하는 사람은 인간이나 사회에, 나아가서 국가와 전 인류에 '도움을 베푸는, 또한 베풀 수 있는' 사람이다. 둘째 부류에 속하는 사람은 인간이나 사회, 또는 국가에서 '도움을 받는' 사람이다.

그 나머지 부류들은 대개가 자신의 인생관이 확고한, 좋게 말해서 개성이 뚜렷한 지식인들인데, 그들은 사람들에게, 사회에 그리고 국가에 '무해무익한' 사람들이다. 물론 각 방면에서 맡은 바 직무에 충실하여 사회와 국가에 봉사하는 지식인들의 고유한 기능이 있음은 말할 것도 없고, '도움을 베푸는' 사람들은 오히려 누구보다 개성이 강할 테지만, 그런 미시적인 관점에서 조금 벗어나서 관찰하면 위의 세 부류로 사람의 성정을 진단할 수 있을 터이다.

어쨌든 고도의 산업사회를 지향하는 우리나라에서도 작금에 이런 '무해무익한' 사람들이 점점 늘어나고, 이런 현상은 점차 하나의 세계적인 추세가 되어 가고 있다. 무슨 말이냐 하면, 대인 관계에서는 적당하게 거리를 유지해 가면서 상부상조의 정신으로 정의(情誼)를 두터이 나누지만 막상 자신에게 도움을 구하거나 어떤 혜택을 베풀려고 할 때는 상대방 또는 어떤 집단을 덜컥 경계하고 의심부터 하고 보는 차가운 사람들이 늘고 있다는 말이다. 이런 '차갑고, 무해무익한' 사람들은 사회나 국가에 대해서도 마찬가지다. 적극적으로 나서서 도움을 베풀 아량은 엄두도 못 내고, 도움을 받을 생각은 아예 품지도 않고 지낸다.

분명한 처신으로 자신의 존재와 생존에 한 겹의 두터운 벽을 두르고, 그냥저냥 '해롭지도 않고, 도움도 되지 않는' 상태로 살아가는 데 급급한 것이다.

고백하기에는 대단히 쑥스러운 노릇이지만 물론 나도 무해무익한 사람이다. 나보다 못 배우고, 나보다 가난하고, 나보다 어리고, 나보다 여러 점에서 사회적인 신분이 낮은 사람에게는 공손하며, 나보다 잘나고, 나보다 부자고 힘이 세고, 나보다 신분이 높은 분에게는 당당하게 대한다는 나름대로의 평소의 처세법이 서 있기는 하지만, 나는 항상 일정한 거리를 유지하며 사람을 사귀고, 사회를 파악하고, 나라의 평판을 주시하며 허겁지겁 살아가는 것이다. 그래서 누구로부터도, 그리고 어떤 계층이나 집단으로부터도 은혜를 받을 생각이 없고, 그렇다고 도움을 베풀 마음의 자세가 준비되어 있지 않은 사람이 나 자신이다. 분명히 이 연말의 추위처럼 쌀쌀맞고, 차가운 사람임에 틀림없다.

이런 무해무익한 사람은 마음이 가난한 사람이라고 정의해도 좋을 것이다. 그리고 유아독존에 빠져 자신의 마음을 열어 놓지 않는 사람일 것이다. 또한 믿음이 없고, 의심이 많은 사람일 것이다. 마음이 가난한 사람 중의 하나인 나 자신을 위해 나는 이번 연말에 내 마음을 열어 놓음으로써 자기 반성을 할 계획이다. 미리 그 기도의 문구를 적어 보는 한 소시민의

응석을 주 예수 그리스도께서는 용서하리라 믿는다.

항상 버림받은 민중과 헐벗은 사람들 편에 서서 그들의 마음을 위무(慰撫)했던
주 예수 그리스도님. 한 해를 마감하는 추운 날씨 속에서 당신이 굽어 보시는 한
소시민이 기구를 올립니다. 저는 명예와 건강과 물질의 풍요를 기원하는 속세의
여러 우매한 민중과 다를 바 없는 한 마리의 미물입니다만, 아직 한 번도 당신에
게 저의 소망을 아뢴 적이 없습니다. 물론 저에게도 소망이 있긴 합니다만, 그런
자질구레한 소망은 진리의 무서움을 깨우쳐 주던 당신의 고행을 생각할 때 한갓
투정에 지나지 않을 것이며, 그런 세속적인 저의 소망을 베풀어 주셨을 때, 당신
을 세 번이나 부정한 유다까지도 긍휼히 여기신 당신의 마음을 잊어버릴 것 같아
두려웠기 때문이었습니다. 그러나 이제 저는 한 가지 소망을 기구합니다. 불구의
몸으로 이 세속계를 힘겹게 살아가는 당신의 종들에게 "내일 일을 걱정하지 마
라"던 당신의 뜻이 비리와 비정이 난무하는 이 사회에서 아득아득 살아가는 이기
적인 미물인 저에게 번지게 하시고, 모든 영악한 지식인들에게 그들의 가난한 마

사   랑   케
하   소   서

음을 열어 놓을 수 있는 기회를 주시기 바란다는 것입니다. 만물을 창조하시고, 세상사를 주관하시는 주 예수 그리스도님, 당신의 은혜로 도움을 베풀기에 인색하고 도움을 받기도 싫어하는 저의 가난한 마음이 열려지기를 기대합니다. 뼈에 사무치는 당신의 모든 말씀을 되새기며 저의 이 조그만 소망이 이루어지기를 기구합니다. 당신의 능력을 믿음으로 당신의 뜻대로 만사를 역사하여 주십시오.

나자렛 예수

I

나사렛 예수!
당신은 과연 어떤 분인가?

마구간 구유에서 태어나
강도들과 함께 십자가에 못 박혀 죽은
기구망측한 운명의 소유자,

집도 절도 없이 떠돌아다니며
상놈들과 창녀들과 부역자들과
원수로 여기는 딴 고장 치들과
어울리며 먹고 마시기를 즐긴 당신,

구상(1919~2004)

시인. 시집 《초토의 시》
《말씀의 실상》 《까마귀》,
산문집 《그분이 홀로서
가듯》 《실존적 확신을
위하여》 등이 있음.

사 랑 케
하 소 서

가난한 사람들에게

굶주린 사람들에게

우는 사람들에게

그리고 의로운 일을 하다 미움을 사고

욕을 먹고, 쫓기고

누명을 쓰는 사람들에게

'행복한 사람은 그대들이라'고

'하느님 나라는 바로 그대들 차지'라고

엄청난 소리를 한 당신,

소경을 보게 하고

귀머거리를 듣게 하고

앉은뱅이를 걷게 하고

문둥이를 말짱히 낫게 하고

죽은 사람을 살려내고도

스스로의 말대로

온 세상의 미움을 사고

욕을 먹고, 쫓기다가

마침내 반역자란 누명을 쓰고

볼꼴 없이 죽어 간 철저한 실패자,

내가 탯줄에서 떨어지자 맺어져

나의 삶의 바탕이 되고, 길이 되고,

때로는 멀리하고 귀찮게 여겨지고,

때로는 좌절과 절망까지를 안겨 주고,

때로는 너무나 익숙하면서도

생판 낯설어 보이는 당신,

당신의 참모습은 과연 어떤 것인가?

II

당신은 사상가가 아니었다.

당신은 도덕가가 아니었다.

당신은 현세의 경륜가가 아니었다.

아니, 당신은 종교의 창시자도 아니었다.

그래서 당신은 어떤 지식을 가르치지 않았다.

당신은 어떤 규범을 가르치지 않았다.

당신은 어떤 사회혁신운동을 일으키지 않았다.

또한 당신은 어떤 해탈을 가르치지도 않았다.

한편 당신은 어느 누구의 과거 공적이 있고 없고를 따지지 않았고

당신은 어느 누구의 과거 죄악의 많고 적음을 따지지 않았고

당신은 실로 이 세상 모든 사람의 생각이나 말을 뒤엎고

'고생하며 무거운 짐을 지고

허덕이는 사람은

다 나에게로 오라, 내가 편히 쉬게 하리라'고

고통 받는 인류의 해방을 선포하고

다만, 하느님이 우리의 아버지시요,

그지없는 사랑 그 자체이시니

우리는 어린애처럼 그 품에 들어서

우리도 아버지가 하시듯 서로가 서로를 용서하며

우리도 아버지가 하시듯 다함없이 사랑할 때

우리의 삶에 영원한 행복이 깃들고

그것이 곧 '하느님의 나라'라고 가르치고

그 사랑의 진실을 목숨 바쳐 실천하고

그 사랑의 불멸을 부활로 증거하였다.

영혼의
추위를
앓는
이들에게

김남조

시인.
시집 《나무와 바람》
《겨울바다》 《설일(雪日)》,
산문집 《바람에게
주는 말》 등이 있음.

겨울의 문턱에서 흔히들 겨우내 긴긴 추위를 예감하게 되고 이 시각부터 한란계의 눈금은 줄곧 영하의 온도를 짚어 보입니다. 몸이 아니라 몇 갑절 영혼이 시리고 춥다고 말하는 당신에게 이 편지를 띄워 보냅니다.

가령, 살아 있을 시간이 얼마 남지 않았다는 착잡한 연민을 의사의 눈빛 속에서 흘깃 읽었기라도 해서 그때 깜깜하던 병원 복도가 그로부터 주야로 눈앞에 펼쳐져 보인다는 사람 앞에서라면 무슨 말을 지니고 내가 서겠습니까마는.

미지의 친구여,

고통이 무엇인지를 참으로 아는 사람과 고통을 나눌 아무런 방도를 못 가진 무력한 자가 마주 서게 될 때 누가 먼저 손을 내밀어 악수를 청할 수 있다고 생각하시는지요. 정녕 고통을 알고 있는 그편 사람이 아닐까요. 우리는 여기서 고통의 능력이라 할 어떤 '힘'을 보게 됩니다. 따라서 당신과 나의 경우

에서도 당신의 고통과 추위가 조금 더 우람하고 성인적(成人
的)일진대 부디 당신이 먼저 나의 손을 잡아 주십시오. 그러
면 우리는 그 체온을 통해 설명 못할 신령한 치유를 둘 다 체
험할 수 있게 될 것입니다. 나는 이 일을 믿습니다. "고통이야
말로 가장 영웅적인 세례"라고 말한 파스칼의 주장에 당신도
함께 찬동해 주실 수는 없을까요.

오늘 이 시대의 병폐는 고통 그 자체보다 고통에 대한 기피와
마비의 현상들일 것 같습니다. 강건하고 탄력 있는 생명력에
는 상처 입고 아물리고 또 상처 입고 거듭 아물리는 역동(力
動)이 없을 수 없습니다. 이렇게 생각하고 믿으면서도 막상 그
현장에선 얼마나 몸부림치며 도망쳐 나오려고 했습니까.

지옥이란 타인들과의 관계라고 누군가 말하기도 했지만 '타
인들'의 틈서리에 가파르게 발붙이고 있다고 여기는 자의식
의 단정이 사람의 낮밤을 얼마나 더 외롭고 황막하게 만드

는지 모릅니다. 위로란 언변이 아니고 살아 있는 행위여야
한다는 것도 알고 있습니다. 그러나 막상 누가 그것을 줍니
까. 울음을 아는 이만이 남의 울음을 나눌 수 있고 화해에
목마른 이가 마침내 화해의 능동자가 됩니다. 하면 지금은
당신이 '그'가 되어 주십시오.

추위를 힘겨워하는 친구여,

당신의 영혼이 지쳐 쓰러졌을 때 누가 무슨 힘으로 그 다친
허리를 일으켜 세우겠습니까. 오로지 큰 고뇌와 한랭함과 갈
증을 인내하는 이들이 있음을 깨닫고 스스로 맹렬히 힘쓰게
될 때만이 다시 곧은 허리로 일어나 걸을 수 있을 것입니다.

얼마 전 정박아들의 인물 사진전을 보았습니다. 두세 살 때
칭찬받던 '쥐엄쥐엄'의 장기를 지금껏 되풀이한다는 쉰네 살
초로의 여인이나, 인젠 그만하라는 말을 듣기까지는 온종일
동일한 '중얼거림'을 멈추지 않는다는 사람들의 무리 중에

하반신을 교통사고로 잃었다는 청년 하나가 함께 살면서 손으로 할 수 있는 이발사 노릇, 청소 담당, 채소밭 가꾸기 등 갖가지 봉사를 삶의 귀한 보람으로 여긴다고 했습니다. 전시장에 나붙은 그의 사진에선 건장한 상반신으로 베어 낸 나무 밑둥을 쪼아 내는 노동 현장이 촬영되어 있었는데, 그 사진을 본 순간 거센 전류의 기이한 충격이 전신을 감돌았습니다. 어떤 의미에서는 공포, 분노 그리고 영혼의 세척이었습니다.

영혼의 추위를 앓고 있는 벗이여,

당신의 추위가 과연 그 젊은이와도 맞먹는 것이거나 혹여 그조차도 압도할 만한 것이라면 부디 허약한 여러 사람들의 손을 잡아 주십시오. 당신의 통곡 앞에서 울음을 그치고 당신의 추위 앞에서 따뜻해지게 해 주십시오. 당신의 추위가 거세고 비통할수록 그만큼에 어울리는 고통의 격조를 보여 주십시오.

눈을 뜬 사람에게도 위험한 도시의 대로변을 한 자루 지팡이 끝에 정신력을 모아 조심스럽게 지나다니는 '눈먼 사람들'을 우리는 알고 있습니다. 암실에서 사진을 구워 내듯 이 어두움 속에서 '눈뜸'과 '봄'을 누리는 이들의 삶은 어떨까요?

그들의 크리스마스는 어떨까요? 점자로 읽는 성서와 점자를 더듬으며 노래하는 그네의 찬미가는 정녕 어떤 것일는지요. 이즈음 맹인 교회에는 눈뜬 관람객(?)으로 붐빈다고 합니다. 눈이 아닌 마음으로, 마음이 아닌 영혼으로 조물주를 찬미하는 그네의 성가대를 보고 와서 깊은 감명을 이야기해 준 사람이 있었습니다. 그들에게 보태 준 것도 없는데 그들에게 받은 감동이 그리 컸다는 점에 오묘한 대비를 살피지 않을 수 없습니다.

얼마 전에 나는 대구행 기차 안에서 맹인 교회의 그 맹인 목사를 우연히 만났습니다. 소설이 되고 영화로 되면서 더욱 퍼진 그에 관한 화제 중에서도 가장 놀라웠던 것은 실명한 그에게 회생의 굳은 의지를 심어 준 사람이 다른 누구도 아닌 고아들이었다는 사실입니다. 절망의 밑바닥까지 가라앉았던 그는 너무나 가난한 그 소년들에게 뜨거운 사랑과 협력을 얻게 되면서 그 낮은 땅에서 채워진 충전으로 오늘날 맹인의 등불이 되고 눈뜬 이들의 머리 위에까지 참신앙의 횃불을 들어 올릴 수 있었습니다.

근래에 읽게 된 M. 링크의 소책자에서 아래의 구절을 인용하고 싶습니다.

기도가 우리 생활 속에 와 닿을 때, 기도하기 전까지는 할 수 없었던 일들을 시작하게 된다. 믿기 시작하고, 용서를 구하고, 결코 사랑스럽지 않던 이들을 사랑하게 된다. 기도는 그것 없이는 일어날 수 없는 일들을 일어나게 하는 힘이다.

예수께서 겟세마네에서 기도하지 않으셨던들 십자가를 걸머지지 못
하셨을 것이다.

마음이 추운 친구여,

머리칼이 곤두서는 율연한 찬바람을 나도 얼마쯤은 압니다.
장갑 벗은 열 손가락을 가지런히 빗살처럼 드러내 놓고 있으
면 그 벗은 살결에 가시 돋치는 한기, 사람의 그 추위를, 그러
나 '기도하기 전까지는 할 수 없었던 일들'이 기도함으로써
얼마나 많이 솟아나고 꽃피는지에 대하여 우리는 잘 압니다.
가파른 비탈에 세워진 집에서도, 하루 종일 자동차가 질주하
는 도로변에서도 안전하고 어여쁘게 자라나는 어린이들이 있
다는 것을 압니다. 기도하는 방법을 배웠기에 평화로이 죽어
간 사형수의 이야기도 들었습니다.

영혼의 추위를 앓고 있는 친구여,

이 세상 어떤 고통이나 슬픔도 그분을 넘어설 수 없는 바로
그 이름이신 그리스도가 탄생합니다. 온갖 고뇌를 그 수원지
의 물로써 씻어 내고 온갖 추위를 그 원자(原子)의 불화로에
서 덥혀 낼 그분이 그 위대한 봉헌(奉獻)의 삶을 살기 시작하
실 첫날이 곧 성탄입니다.

1969년 7월 20일 일요일, 오후 3시 18분 정각에 지구를 떠난
최초의 유인 우주선이 흙먼지 덮인 달 표면에 내려앉았다.
우주 비행사 암스트롱과 올드린이 특별히 마련된 캡슐을 달
에 안치해 놓았다.
거기엔 시편(詩篇)도 들어 있었다.
"하나님 내 주이시여, 온 땅에 당신 이름 어이 이리 묘하신
고……."

영혼의 추위를 앓는 미지의 벗들이여,

진정 바라노니 당신도 깊은 밑바닥에서 아득히 높은 정수리

까지 온전히 위안받고 거듭 나시기를, 낮은 목소리로 이에 덧

붙이노니 '메리 크리스마스.'

젖은

속옷

이청준(1939~2008)

소설가.
작품으로 《당신들의 천국》
《잔인한 도시》 《서편제》
《낮은 데로 임하소서》 등이
있음.

젖은

I

　입원 치료 한 주일 만에 아버지는 당신의 결심에 따라 다시 병원을 나오고 마셨다. 네 시간에 걸친 지루한 인공신장기 치료를 받고 난 날 저녁이었다.

　"날 다시 병원으로 데려가지 마라."

　집으로 돌아와 자리에 눕고 나서도 아예 말을 잃으신 듯 내내 가쁜 숨길만 가누시던 아버지가 신음 섞인 소리로 겨우 내뱉은 마지막 말씀이었다.

　"내 이름 석 자가 쓰인 보험 카드라도 내 눈으로 직접 보기 전에는……."

　무슨 미련처럼 아버지는 잠시 후에 다시 그 한마디를 덧붙이시고 나서는 조용히 벽 쪽으로 머리를 돌려 누워 버리신 채 다시는 영영 말씀이 없으셨다.

　하얀 형광 불빛 속에 힘없는 눈길로 아버지의 기미만 살피고 앉아 있던 어머니조차 아버

사　랑　케
하　소　서

지의 그 한마디엔 대꾸가 없으

셨다. 아버지의 말씀에 대한 응답

대신 돌아누우신 당신의 그 남루한

뒷모습만 물끄러미 바라보고 계신 어머

니의 눈길엔 오히려 깊은 체념과 원망기만

어려 들고 있었다.

─날 다시 병원으로 데려가지 마라.

아버지의 그 한마디는 나에게도 매정하고 원망스럽

기 그지없는 소리였다. 아버지의 그 한마디는 이를테면

가엾은 어머니와 나를 포함한 이 세상 사람들 전부를 향

한 자기 하직의 말이나 한가지인 셈이었다. 병들어 망가진 신

장 치료를 단념하고 스스로 목숨을 버리고 말겠다는 마지막 결

심의 선언인 것이었다.

하긴 아버지로서도 그것은 어쩔 수 없는 노릇이었는지 모른다. 우리는

아직 모르고 있었지만, 아버지의 병은 벌써 몇 년 전부터 증세가 시작된

불치의 고질이랬다. 양쪽 신장이 망가지면서 오줌을 제대로 못 누게 되는 병

이었다. 아버지는 날이 갈수록 증세가 더해 가는 병을 숨긴 채 그냥저냥 약방

매약 정도로 몇 해 동안이나 이삿짐센터의 그 힘든 일을 계속해 오고 계셨던 것이

다. 그러나 한 반년쯤 전부터 더 이상 증세를 숨길 수 없는 지경이 되고 마셨다. 오줌

을 맘대로 못 누는 바람에 온몸이 부쩍부쩍 부어오르고 걸음걸이마저 심하게 불편해지

셨다. 약방 매약 정도로는 몸

을 지탱해 나갈 수 없게 되신 것

이었다. 어머니가 아버지의 병세를

제대로 알아차리게 되신 것도 그때서였

다. 그리고 어머니의 성화에 이끌려 아버

지가 내놓고 병원을 찾은 것도 그때가 처음이

었다.

하지만 알고 보니 때가 너무 늦은 다음이었다. 아버

지의 증세는 생각보다 훨씬 심각했다. 오줌을 못 누고

걸음걸이가 불편스런 정도가 아니었다. 콩팥의 기능은 거

의 정지된 상태나 다름없었고, 몸속엔 수분과 오줌 독이 차

올라서 혈압이고 폐고 심장이고 간에 어느 기관 하나 마음을

놓을 수 없는 지경이 되고 말았다는 것이었다.

아버지는 아직도 직장 일 걱정을 떨쳐 버리지 못하셨지만 그런 건 이

제 문제 삼을 겨를이 없었다.

"답답하고 딱한 양반……. 그래, 세상에 사람 육신이 이 지경이 되도록 자

기 몸 안의 병을 이리 몰래 키워 오는 경우가 또 있답디까. 사람 목숨 있고 나서

묵고 살 일 걱정 있제……."

아버지의 걱정은 들은 척도 않고 어머니는 그 길로 아버지를 병원으로 모셔 가서 입

원 치료를 받게 하셨다.

사　랑　케
하　소　서

그러나 그 병원 치료는 아버지
의 병을 아주 낫게 하자는 건 아
니었다. 인공신장기라는 치료 장치로
몸 안에 퍼져 있는 오줌 독과 수분을 걸
러 내고 혈압을 낮추는 일이 우선의 치료
방법이었다. 거기다가 다른 위험한 병발증들
을 예방하기 위하여 몇 가지 간단한 보조 약제
치료가 행해지는 정도였다. 인공신장기로 하는 치료
는 정확히 닷새 만에 한 번씩으로 정해진 일이었다. 음
식물과 수분을 아무리 줄여 먹어도 닷새째가 되면 어버지
의 몸 안에는 아무래도 더 견딜 수가 없을 만큼 수분과 오줌
독이 쌓이기 때문이었다. 그 무렵이면 아버지는 거의 얼굴조차
알아볼 수 없을 정도로 온몸이 잔뜩 부어오르고 숨결마저 괴롭게
헐떡거리셨다. 그 닷새째에서 하루라도 날짜를 넘기면 목숨마저 위험
하다고 했다.
그러나 그 인공신장기의 치료 효과는 그런대로 대단했다. 닷새째가 되어 인
공신장기로 피를 한 차례 걸러 내고 나면 어버지는 거짓말처럼 말짱하게 기력
을 되찾아 일어나시곤 했다. 겨우겨우 목을 축일 정도로만 드시던 물이나 음식도
신장기 치료를 받고 난 다음의 하루, 이틀은 그 양을 어느 정도 마음 놓고 드셨다. 인
공신장기 치료를 계속해 받는다면 아버지에겐 아직 얼마든지 희망이 있어 보였다.

하지만 아버지나 우리 집 형편으로는 그럴 여유가 없었다. 병원비가 너무 비싸기 때문이었다. 인공신장기 치료를 한 번 받으려면 8만 원 정도가 들었다. 거기에 다른 보조 치료와 입원비까지 합하면 일주일 입원비가 무려 20만 원을 넘었다. 어머니가 아무리 애를 쓰고 돌아다니셔도 당신 혼자의 재주로는 한 달을 버텨 내기가 어려운 경비였다.

아버지도 물론 그걸 알고 계셨다.

"의료보험이 있다면 좋을 텐데……."

어느 날 아버지는 아쉬운 목소리로 어머니에게 말씀하셨다. 병원 의사들도 이미 아버지의 딱한 처지를 알고 있다고 했다. 그래서 어느 곳이고 의료보험조합이 있는 회사에 편법을 써서라도 보험 가입을 해서 오면 병원 쪽에서 적당히 편의를 봐줄 수 있을 거라는 동정 어린 귀띔을 한 적도 있다고 하였다. 하지만 아버지로선 그런 편의조차 구해 볼 곳이 없었다.

아버지가 차를 끌어오신 곳은 면목동 근방의 한 이삿짐센터였다. 하지만 거기도 가망 밖이다. 찾아가 볼 데는 그래도 그곳뿐이라고, 의논 끝에 하루는 어머니가 회사를 찾아갔다가 피곤한 헛걸음질만 하고 오셨다. 그곳은 아예 조합 가입에 필요한 규정

인원수가 모자라 가입 신청조
차 할 수 없노라고 한 것이었다.
사정이 이런 판국에 그렇다고 일을
한 적도 없는 다른 회사에서 규정 위반
까지 무릅써 가며 아버지를 위해 보험 가
입을 허락해 줄 리는 더더욱 없는 일이었다.
아버지는 실제로 몇몇 친구분들에게 어머니를
보내 의논을 해 보게 하신 모양이지만, 결과는 뻔한
것이었다. 친구분들 중에 가끔 시간을 두고 좀 알아보
자며 듣기 좋게 어머니를 응대해 준 분들도 있었지만, 어
느 경우건 다시 시원한 소식을 전해 오는 사람은 아무도 없
었다.
아버지는 내심 실망이 이만저만 크시지 않은 것 같았다.
"제기랄, 큰 회사에서 넉넉한 봉급 받아다가 떵떵거리고 사는 사람
들은 이런 때 보험 혜택까지 받아서 치료비를 깎아 무는데, 우리네같이
근근한 목구멍 풀칠거리나 쫓아다니며 일자리를 여기저기 떠도는 인간들은
이런 때를 당해서도 보험 카드 한 장 못 만져 보는 세상이니……"
세상일에는 도대체 이렇다 저렇다 말씀이 없으시던 아버지가 하루는 그렇게 혼잣
소리 푸념을 늘어놓으실 정도였다. 그리고도 아버지는 그 보험 카드에 대한 미련을 끝
내 버리지 못하신 듯 어느 날은 조합의 혜택을 받고 있다는 옆자리 환자의 보험 카드를

잠시 빌려 마치 무슨 신기한
요술 문서라도 들여다보듯 한동
안 요리조리 뜯어보시더니, "제기랄,
이걸 잠깐만 빌려 쓸 수가 있대도 될 일
이련만, 글쎄 여기 쓰인 이 이름 석 자가
내 이름자가 못 돼 놓으니……. 이름 석 자 따
로 지닌 것도 무슨 죄가 되는지……"라고 부러
움과 원망기가 뒤섞인 소리로 부질없는 자탄을 하
신 적도 있었다.
그러나 원망과 자탄만으로 일이 해결될 수는 없었다. 얼
마 후에 아버지는 결국 퇴원하기로 결심하셨다. 닷새 만에 한
번씩 있는 인공신장기 치료는 그뒤로도 물론 끊어 버릴 수 없는
일이었지만, 그것은 통원 치료로도 가능했다. 아버지는 우선 입원
비라도 줄이려고 통원 치료를 결심하신 것이었다. 하기야 그걸로도 치
료에는 별달리 큰 지장이 없었다. 닷새 만에 한 번씩 아버지는 어머니의
부축을 받아 병원에 가서 인공신장기 치료를 받고 필요한 약품들도 받아 오
셨다.
아버지의 병세는 이렇다 할 변고 없이 그냥저냥 한두 달을 넘겨 가고 있었다. 그러
나 그것도 무한정 계속될 수 있는 일은 아니었다. 병세가 특별히 나빠지는 건 아니었
지만, 그렇다고 그게 언제까지 뿌리가 뽑힌다는 한정이 있는 일도 아니었다. 반대로 치료

사　랑　케
하　소　서

비를 마련해 내는 어머니의 요
량에는 한도가 있는 일이었다.

아버지는 다시 초조해지기 시작했
다. 그리고 다시 자포자기가 되어 가셨
다. 닷새 만에 한 번씩 인공신장기를 찾는
것은 아직도 어쩔 수 없는 일이었지만, 그 밖
의 다른 병원 치료엔 날이 갈수록 둥한해지셨다.

심장약이나 혈압강하제 같은 보조 치료제들은 병원
대신 약방에서 요량껏 사 먹었다. 때로는 위험스럽다는
이뇨제까지 함부로 사다 먹곤 막힌 오줌길이 터지기를 조
급하게 기다리기도 하였다. 나중에는 그 인공신장기 치료 날
짜마저 닷새에서 하루를 더 넘겼다가 엿새째에 가서는 사지와
얼굴이 고무풍선처럼 퉁퉁 부어올라서 다급하게 병원으로 실려 가
신 일까지 생겼다.

그것은 아버지의 알 수 없는 배짱이자 요령부득의 고집이었다. 그런데다
이 무렵엔 아버지의 그런 엉뚱스런 고집을 부추기는 일이 한 가지 더 생겼
다. 어떻게 된 일인지 인원수가 모자라 보험 가입이 어렵다던 아버지의 옛 회사
에서 조합 가입을 서두르고 있다는 반가운 소식이 전해져 온 것이다. 회사를 못 나
가신 지 두 달이 훨씬 넘었지만, 아버지는 아직까지 그 회사의 사람으로 되어 있는 터
여서 일만 잘되면 머지않아 그토록 소망해 온 보험 카드를 마련하게 되리라는 것이었다.

아버지와 어머니의 기쁨은 더
말할 것이 없었다. 두 분은 그때
부터 하루를 일 년처럼 그 보험 카
드의 소식을 기다렸다.
그런데 한 가지 곤란한 것은 바로 그 보험
카드의 소식이 아버지의 고집을 더욱 요지부
동의 것으로 만든 것이었다.
"카드가 나와야 병원을 가더라도 치료다운 치료를
받고 오지."
아버지는 그런 식으로 카드를 손에 쥐게 될 날만을 기다
리며 병원 치료를 벼르고 계셨다. 그리고 그게 무슨 좋은 구
실거리라도 되는 양 당장에 필요한 치료엔 날이 갈수록 소홀해
지고 있었다.
하지만 기다리는 카드는 바람처럼 그렇게 쉽지가 않았다. 한 주일이
지나고 두 주일이 지나도 소식이 없었다. 게다가 아버지는 회사 쪽에 일
이 어떻게 되어 가는지 사정을 알아보는 것조차 한사코 반대하셨다.
"쓸데없는 짓 말고 꾹 참고 기다리고 있어."
기다리다 못해 한두 차례 회사 쪽 사정을 알아보고 다니는 기미를 알아차리신 아
버지가 하루는 어머니를 심하게 나무라셨다.
"우리 집 사정 뻔히 알고 있겠다, 그 사람들도 할 만큼은 하고 있을 거 아니냔 말이여.

좋은 소식이 안 생겨서 아직 연락도 못 해 오는 사람들에게 괜시리……."

마치 그 소식을 기다리는 걸 핑계 삼아 무언가를 자꾸 미루고 싶기라도 한 것 같은, 아니 어쩌면 그 소식 자체를 몹시 두려워하고 있기라도 한 것 같은 아버지였다.

그리고 그러다가 아버지는 끝내 다시 무서운 고비를 만나고 마셨다.

어느 날 밤 아버지는 주무시다 말고는 갑자기 입과 코로 붉은 피를 잔뜩 토해 내시더니 그대로 정신을 잃고 만 것이었다. 이번에도 또 인공신장기 치료를 엿새째나 미루고 계시던 날 밤이었다.

아버지가 용케 다시 정신을 되찾으신 것은 물론 병원 침대에서였다.

이번에는 정신을 잃으신 아버지가 자신의 입원을 반대하실 수가 없었기 때문이었다.

하지만 아버지의 고집이 꺾이신 것은 아예 그렇게 자신의 의식을 놓고 계실 때 뿐이었다. 서둘러 다시 인공신장기 치료를 받고 주사를 맞으며 하루쯤 조용히 안정을 취하고 나자 아버지는 서서히 다시 의식이 되돌아왔다. 그리고 의식이 되돌아오자마자 아버지는 이내 자신의 입원을 부질없어 하셨다.

"사람 목숨 있고 집 있고 밥

있제……."

어머니가 아무리 안심을 시켜 드리

려고 해도 한사코 고개를 가로젓고 마

시는 아버지였다.

"그새 운 좋게 보험 카드라도 나온다면 몰라

도, 당신이 이 엄청난 치료비를 어떻게……."

그러다가 꼭 일주일 만에 아버지는 기어코 자신의

고집에 따라 병원을 나오고 마신 것이었다. 더욱이 이

번엔 늦어도 일주일을 넘길 수 없다는 그 인공신장기 치

료마저 단념할 결심을 지니신 채였다.

—날 다시 병원으로 데려가지 마라.

보험 카드를 손에 쥘 수 없는 한 당신을 다시 병원으로 데려가지

말라는 아버지의 말씀은 그러니까 다음번 인공신장기 치료가 있어야

할 날까지의 닷새간 한정으로 당신의 목숨을 한정 짓고 마시겠다는 무서

운 결심의 선언인 셈이었다.

나는 어렴풋이나마 그런 아버지의 심중을 알 것 같았다. 그동안 아버지의 치료

비를 꾸려 온 어머니의 능력은 이제 거의 바닥이 드러나고 있었다. 게다가 아버지

의 고집을 달래기에 지친 어머니의 표정도 이젠 아예 탈진 상태에 이르고 있었다. 자

신의 이름 석 자를 그토록 보고 싶어 하신 보험 카드는 소식이 전혀 깜깜이었고, 이젠 병

사　랑　케
하　소　서

문안을 오던 친척이나 친구분
들도 얼굴을 거의 볼 수가 없었
다. 아버지의 심사는 막판의 절망에
빠져드신 것이었다.
하지만 그렇더라도 아버지의 말씀은 어머
니나 나에게 매정하고 원망스럽게 들리지 않
을 수가 없었다. 그만큼 아버지는 내게 아직도
모를 대목이 많으신 분이었다. 아버지는 어째서 그
토록 자신의 병세에 게으름을 피우고 계시는 건가. 전
세방을 줄여서라도 치료비부터 충당해 나가자는 어머니
의 말씀에 무엇 때문에 그토록 화부터 내시곤 하는가. 그리
고 그토록 기다리시는 보험 카드의 소식은 알아볼 엄두조차 못
내게 하시는가. 도대체 어머니더러는 무얼 어떻게 하라는 말씀인
가……. 그런 데까지는 아무래도 속을 알 수가 없는 아버지였다.
속을 알 수가 없으니 아버지의 말씀은 더욱 매정하고 원망스럽기만 했다.
도대체 이런 지경 속에서 이제 무얼 어떻게 해야 한단 말인가.

II

오늘도 보험 카드는 소식이 없
을 모양이다. 그러니까 오늘로
병원을 나온 지 닷새째가 되는
건가. ―못 견디게 숨이 차오
른다. 눈앞까지 뿌옇게 흐려 오
기 시작한다. 이런 증세가 벌
써 이틀째 계속되고 있다. 요독
이 차오르면 시력부터 떨어지
는 것이 요즘의 증세다. 하지만
진짜 마지막 고비는 잘해야 겨
우 이틀 정도뿐. 이젠 차라리
마음이나 편하게 먹도록 하자.
아내에게도 누구에게도 어차
피 빚을 모두 갚고 갈 수는 없
는 일. 그간에 지녀 온 이런저
런 희망이나 원망거리들을 말

끔히 지우고 혼자 마음으로나마 따뜻하고 허심탄회한 감사를 지니도록 노력하자.

하기야 그간의 일들을 곰곰 되돌아보면 내겐 참으로 부질없는 원망도 많았고, 헛된 희망도 많았던 게 사실이다. 뭐니뭐니 해도 내 첫 번째 원망은 물론 내 육신에 스며들어 온 그 몹쓸 병마에 대한 것이었다.

증세가 처음 시작된 것은 3년쯤 전이다. 아침저녁이면 까닭 없이 얼굴과 사지가 부어오르고 발목께가 특히 저릿저릿 저려 왔다. 병원을 처음 찾아간 것은 소변볼 때마다 늘 하복부가 시원찮은 기분을 느끼기 시작했을 무렵이었다. 병원에선 금세 신장의 이상을 집어냈다. 그러나 나는 병원 치료를 받을 수 없었다. 이곳저곳 이삿짐센터의 임시 고용직 운전수 노릇으로 일자리를 떠돌아다니는 처지로서는 병원 치료란 당치도 않았다. 병원 치료는커녕 병을 드러내 놓고 말할 수도 없었다. 회사에선 회사에서대로 집에서는 집에서대로 그냥저냥 병을 숨긴 채 약방 매약으로 증세를 견뎠다. 병이 시작된 특별한 계기를 몰랐듯이 언젠가는 또 그냥저냥 증세가 사라질지도 모른다는 턱없는 기대 속에.

하지만 내게 그런 요행수가 찾아올 리 만무였다. 3년 가까운 세월 동안 내 몸속에서 병은 마음놓고 착실히 자라 온 터였다. 그리고 어느 날 기어코 일이 벌어지고 말았다. 새 일자리를 얻어 간 회사의 차를 몰고 나갔다가 어느 집 이삿짐의 값진 거울짝을 거덜 내고 만 것이다. 크고 무거운 자개 경대를 조심스럽게 들어 올리려다가 어느 순간 그만 의식이 깜박 가 버린 것이다. 나는 더 이상 병을 숨길 수가 없게 되었고, 그 사고를 고비로 몸뚱이 구석구석엔 숨겨 온 증세들이

봇물 터지듯 쏟아져 나왔다.

나는 결국 아내의 성화에 못 이겨 병원에 끌려가게 되었고, 그때부터 저 인공신장기 신세를 지게 된 것이다.

―어째서 내게 하필 이런 병마가 끼어들었단 말인가. 내가 도대체 누구에게 못할 짓이라도 한 적이 있던가…….

―하느님도 내 처지를 아신다면 설마 이대로 사람을 잡으려 드시진 않겠지.

원망은 희망을 낳고 희망은 다시 무서운 원망과 저주를 낳았다. 처음 병이 알려졌을 때 자주 찾아와 걱정해 주던 친지들에 대한 고마움, 언감생심 마음조차 먹어 볼 수 없던 보험 카드를 만들어 보겠다던 회사 사람들에 대한 고마움과 보험 카드에 대한 남모를 염원. 하지만 그 모든 고마움, 염원 그리고 희망들은 결국엔 오히려 견딜 수 없는 절망과 원망거리로 바뀌곤 하였다. 발길이 차츰 뜸해

지다가 소식마저 아예 끊겨 버
린 면면들. 기다려도 기다려도
끝내 깜깜 무소식인 그놈의 보
험 카드―원망이 덜했을 땐 그
래도 혼자서 자신을 부추켜 보
기도 하였다. 자신이 외롭고 절
망스러워지면 그럴수록 더욱
남루한 아내와 철부지 자식놈
들을 생각하며 끝까지 자신을
잃어선 안 된다고 마음을 굳게
다져 먹기로 하였다.

하지만 그것도 아직은 원망이
그만저만했을 때였다. 나는 오
래지 않아 다시 어떤 이름 지
을 수 없는 원망과 저주와 절
망기에 빠져들며 스스로 자포
자기하곤 하였다. 자신과 주위
의 모든 것이 못 견디게 짜증
스럽고, 심지어 애꿎은 아내의
지치고 남루한 몰골마저 참아
넘길 수 없을 정도가 되곤 하
였다.

그런 중에도 끝까지 놓아 버리
고 싶지 않은 것이 있었다면,
그것은 바로 보험 카드에 대한

가느다란 희망이었다. 보험 카
드 소식을 기다리는 내 간절한
마음은 마침내 어떤 커다란 두
려움 같은 것이 되어 가고 있었
다. 솔직히 말하자면 나로서도
언제부턴가 일이 이미 그른 것
은 짐작하고 있었다.

하지만 나는 내 귀로 직접 그
소식을 듣고 싶지가 않았다. 마
지막 희망을 잃고 싶지가 않
았다. 그래서 아내에게마저 회
사 쪽으로 소식을 물으러 가
지 못하게 한 것이었다. 하지
만 그 숱한 원망이나 희망거리
도 이제는 모두가 지나간 일들
인 것. 이제는 그런 부질없는
희망이나 원망들 대신 따뜻한
감사를 가슴에 지녀 두자. 그리
고 그냥 그대로 고비를 넘겨 가
도록 하자. 행여 아직도 내게
보험 카드에 대한 미련이 남아
있다면 그것은 그저 내 이름
석 자로 되어 있는 그것을 한
번 보고 싶다뿐, 그것으로 정
작 내 병세를 회복해 보겠다는

소망에서는 아니다. 마지막으
로 병원을 나올 때 이미 작정
한 일이지만, 이번에는 정말로
이대로 가는 거다. 그게 아마
도 내가 아내에게 보일 수 있
는 마지막 감사의 도리일 것이
다. 초라한 아내와 아직 초등
학교 5학년밖에 안 되는 어린
자식놈을 위하여 작은 전세방
돈만이라도 빼어 쓰지 않고 가
는 것. 그게 내가 남은 사람들
을 위해 하고 갈 수 있는 마지
막 사랑의 미사일 것이다. 아내
가 아무리 성화를 부리고, 내
게 찾아올 심신의 고통이 아무
리 크고 괴로운 것이더라도.

나는 다시 한 번 마음을 굳게
다진다.

하지만 그렇게 다시 마음을 다
지고 나서도 나는 아직 안심
이 안 된다. 내가 또 지난번처
럼 정신을 놓아 버린다면 문제
였다. 아무래도 아내에게 한
번 더 다짐을 해 놓아야 할 것
같다. 그것도 아직 말을 할 수

있을 만큼은 숨결이 고를 때,
그리고 아직 아내의 모습이라
도 알아볼 수 있을 만큼 시력
이 남아 있을 때.
저녁 어둠이 짙어 가는지 그렇
지 않아도 눈앞이 점점 더 깜
깜해 오는 것 같다.
—여보.
나는 한 번 더 마음을 다지고
나서 부엌 쪽을 향해 아내를
부른다.
그런데 참 이상스런 일이다. 내
가 그렇게 아내를 부른 순간이
었다. 눈앞에 이상한 숫자열 같
은 것이 무슨 영사 필름 토막처
럼 자르륵 소리를 내고 지나갔
다. 그리고 내 입술은 '여보' 소
리 대신 그 영사 필름의 숫자열
을 저 혼자 소리 내어 따라 읽
고 있었다.
"일이삼사오육……."
귀에 들려오는 내 목소리도 분
명히 그 숫자열의 순서였다.
나는 금세 내 뇌수와 신경조직
의 이상을 직감한다. 그리고 다

시 '여보' 소리로 아내를 불러 본다. 하지만 이번에도 그 엉뚱한 숫자열만 눈앞에 떠올랐다 사라진다. 그리고 입술은 이미 내 의지의 지배를 벗어나 제멋대로 혼자 숫자열을 쫓아간다. 아내가 무슨 기척을 느꼈는지 부엌에서 문을 열고 들어온다.

"여보, 당신 지금 뭐라고 절 불렀어요?"

나는 소리 나는 쪽으로 시선을 돌려 아내를 보려 한다.

그러나 고개가 이미 말을 듣지 않는다.

—그래, 당신을 불렀어.

고갯짓을 단념하고 나는 그냥 말대답을 하려 한다.

그런데 이번에는 또 엉뚱하게 전날 다니던 이삿짐센터의 사무실 정경이 눈앞을 지나간다. 그리고 일거리 주문을 받기 위해 설치해 놓은 2424번의 전화기 벨소리가 귀청을 울려 온다.

"따르릉따르릉…… 이사이사……"

입술이 또 저 혼자 맘대로 지껄
이고 만다.
"아니, 당신 지금 뭐라고 하
셨어요. 무슨 전화 말씀이에
요?"
아내의 목소리가 좀 더 가까이
에서 귀청을 울려 온다.
―아니, 그 말이 아니야, 입이
자꾸 말을 안 들어…….
이번에는 갑자기 전화 당번 아
이가 내 이름으로 된 보험 카드
를 코앞에 내밀며 생글생글 웃
고 있다.
"보험 카드…… 보험 카드……
내 거, 내 이름……."

III

김 기사 부인이란 여자의 전화를 받고 나자 나는 오늘도 우선 짜증이 치솟았다. 영락없이 또 그 젖은 속옷을 입고 있는 것 같은 찜찜한 기분이 되고 말았다.

아침에 사무실 문을 들어서자마자 그 여자의 전화가 나를 찾았다.

"사장님, 매번 이렇게 전화로 죄송합니다. 하지만 오늘은 애 아빠의 일이 정말 위급해서요."

이 몇 달 동안 수없이 들어온 여자의 목소리였다. 게다가 오늘 아침은 그 음색이 더욱더 초조하고 조급해져 있었다.

"애 아빠가 간밤부터 정신을 잃고 있어요. 자꾸 알아들을 수 없는 헛소리를 해 대고 그래요. 눈도 보이지 않는 것 같아요. 오늘을 넘기면 정말 애 아빠가 위험할 것 같아요. 어제가 인공신장기 치료를 받아야 하는 날이었는데 병원을 그만 못 가고 말았거든요……"

여자는 단숨에 남편의 용태를 주워섬기고 나선 앞뒤 없이 무턱대고 매달려 왔다.

"보험 카드는 아직도 소식이 없나요? 어떻게 무슨 방도가 없을까요? 제발 애 아빨 좀 살려 주세요, 사장님, 제발……."

"……."

그러나 여자가 그렇게 초조하게 떠들어 대는 동안 나는 언제나처럼 할 말이 없었다. 그리고 역시 언제나처럼 여자가 '어떻게 무슨 방도가 없을까요'를 몇 차례나 더 되풀이하다가 제풀에 그만 지쳐 가는 기미를 보이기 시작했을 때에야 겨우 입을 열었다.

"글쎄요……. 저라고 무슨 뾰족한 수가 있을라구요. 하지만 너무 상심은 마십시오. 머잖아 무슨 좋은 소식이 있겠지요."

가타부타 정확한 뜻을 새겨들을 수 없는 소리로 우선 전화를 끊고 말았다. 젖은 속옷이 점점 더 축축하게 젖어 드는 느낌이었다.

짜증이 안 날 수가 없는 일이었다.

따지고 보면 참으로 엉뚱한 시달림이었다. 딱한 처지를 전혀 모르는 바는 아니었지만, 김 기사로 말하면 실상 우리 회사에 대해 어떤 주문이나 주장을 내세울 수 있는 사람이 아니었다. 그가 우리 회사에서 일을 한 것은 기껏해야 한 달 남짓이었다. 그것도 임시 고용의 스페어 운전사 자격으로서였다. 일정한 곳에서 일해 온 경력이 부족한 데다 건강도 그리 좋아 보이는 편이 아니어서 한 달 정도의 수습 기간을 두고 우선 함께 지내보는 게 어떻겠느냐는 제안에 김 기사 쪽도 별반 이의의 기미가 없었기 때문이었다. 그런데 처음 예상했던 대로 그 수습 기간 한 달조차 채 다하기 전에 김 기사는 그만 회사 쪽에 무거운 피해를 입히는 사고를 저지른 데다가, 그 뒤로 더 이상 일을 감당해 나갈 수 없는 딱한 건강 상태가 밝혀지고 만 것이었다.

따로 해고 절차 같은 것을 취하고 말고 할 것도 없었다. 그가 회사 쪽에 뭘 요구하거나 주장할 건더기는 더구나 없었다.

젖은 속옷을 입은 사람이 있다면 그건 바로 김 기사 그 사람이었다. 그리고 그것은 김 기사 자신이 자신의 처지로 입게 된 옷이었다. 내 잘못이나 책임은 없었다. 그야 그의 처지를 생각해서 무슨 도움을 줄 수 있다면 나쁠 것도 없겠지만, 사정이 안 되어 그리 못 한다 해도 나까지 속살을 척척해 할 이유는 없었다. 젖은 속옷을 말려야 할 일은 어디까지나 김 기사 자신의 책임인 것이었다. 처지가 아무리 어렵다 하더라도, 어떤 사람들은 때로 자기 몸으로 입은 채 속옷을 말리는 경우도 허다한 것이다. 내가 시달림을 당할 일이 아니었다. 나는 처음부터 마음을 편하게 가지려 했다. 하지만 일은 그렇게 돌아가 주질 않았다.

짜증스런 일은 정작 다음부터였다.

김 기사가 회사를 나오지 않게 된 지 보름쯤 지난 뒤였다. 하루는 김 기사의 부인이라는 여자가 회사를 불쑥 찾아왔다. 그렇게 찾아와 묻는 소리가 우리한테 혹시 의료보험조합이 없느냐는 것이었다. 딱한 사정들을 줄줄이 늘어놓고 나서, 염치없는 일이지만, 회사에 그런 조합이 있다면 혜택을 좀 받고 싶다는 것이었다. 딱한 이야기가 아닐 수 없었다. 여자가 더욱더 딱해 보인 것은 김 기사가 제법 오랫동안 우리 회사에서 일을 해 온 줄로 알고 있는 점이었다. 게다가 여자는 우리 회사의 규모나 영업 실력에 자기 남편의 회사 안 직위까지를 모두 사실 이상으로 확신하고 있었다. 김 기사가 아마 자기의 체면을 집안에서 그런 식으로 꾸려 온 것 같았다.

하지만 그런 건 어쨌거나 그리 문젯거리가 아니었다. 무엇보다 우리 회사는 아직 보험조합 가입이 안 되어 있기 때문이었다. 뜻이 없어서라기보다 규정 요건이 미달이었다. 그때까지만 해도 의료보험

조합 가입 요건은 회사별 재직 인원 15인 이상이었다. 우리 회사는 아직 청소하는 아이까지 합해도 종업원 13명에 불과한 처지였다.

그러나 일은 그것으로 아직 다 모면될 수가 없었다. 일이 묘하게 되느라고 그 무렵에 마침 회사별 보험조합 가입 요건이 바뀐 것이다. 회사별 재직 인원 15인 이상에서 5인 이상까지 인원수가 훨씬 완화된 것이다.

하지만 우리는 아직도 미적미적 조합 가입의 의사를 정하지 않고 있었다. 보험료 3퍼센트분 중의 회사 측 납부 책임분 1.5퍼센트가 과외의 지출을 초래하기 때문이었다. 하물며 이미 회사를 그만둔 김 기사를 위하여 조합 가입을 서두를 이유는 없었다.

그런데 그 무렵, 어떻게 알았는지 김 기사의 부인이 다시 회사를 찾아왔다. 그리고 다시 하소연했다. 그러나 나는 아직도 마음이 냉큼 내키지가 않았다.

그런데 여자의 호소는 엉뚱하게도 나 대신 회사의 다른 사람들의 마음을 움직여 버렸다. 김 기사네의 딱한 처지를 보고 직원들은 서로들 자신의 처지를 되돌아보게 된 것이었다. 이번에는 회사 사람들이 조합 가입을 앞장서 서두르고 나섰다. 회사 사정이 좀 더 착실해진 다음에 기회를 보는 게 어떻겠느냐는 설득도 소용이 없었다. 재물이란 많고 적음에 상관없이 쓸 데다 쓰는 데에서 진짜 재물 값이 나타나는 법이랬다. 그저 모아들일 목적으로 모으는 재물이란 백 년 천 년이 가도 쓰일 날이 전혀 없는 한갓 헛된 쓰레기에 불과할 뿐이라며, 크게 모아서 크게 쓰겠다는 사람들 그 재물 모으는 일 끝나는 날 못 봤다면서 완강하게들 주장을 펼쳤다.

그러고 보니 싫으나 좋으나 나로서도 더 이상은 일을 미루고만 있을 수가 없었다. 그리하여 나는 결국 반쯤 울며 겨자 먹기 식으로, 거기다 김 기사까지를 껴묻혀 조합 가입 절차를 밟아 나서기에 이르렀다. 회사와는 이미 관계가 끊어진 처지인 데다 엉뚱한 보험료까지 회사에서 대신 뒤집어쓰게 될 공산이 큰 판이라, 김 기사의 경우는 이때도 물론 그 불법성을 내세워 고려 바깥으로 내쳐 버리고 싶기도 했지만, 먼저 사단을 끌어들인 것이 워낙 그쪽이고 보니, 일이 거기까지 되어진 마당에선 다른 사람들 눈길 때문이라도 그를 간단히 외면해 버릴 수는 없었다.

하지만 다시 말하거니와, 그 의료보험조합이 나의 참 바람일 수는 없었다. 뿐더러 진심에서 바라는 일이 아니고 보면 가입 승인을 서두르거나 재촉할 건더기도 없는 일이었다. 어느 편이냐 하면 나는 될수록 일을 지지부진 끌어 대려는 쪽이었다. 될 수만 있는 일이라면 어디선가 새로운 결격 사유가 드러나 조합 가입이 아예 좌절되기를 바랐을 정도였다.

하지만 김 기사 부인의 처지는 그게 아니었다. 일이 시작된 것을 알고부터는 하루가 멀다 하고 회답을 궁금해했다. 전화를 걸어오기도 하고 회사에 직접 찾아오기도 하였다. 그럴수록 나는 짜증이 심해질 수밖에 없었다. 사무 절차가 끝나서 정작 가입 승인이 난 다음이라도 실제 혜택을 받게 하고 싶지가 않았을 정도였다.

도대체 내가 이토록 시달릴 게 뭐란 말인가. 내가 그에게 무슨 빚을 졌기에. 게다가 그의 경우로 말하면 어디까지나 그것은 사회정의마저 역행하는 불법적 처사인걸…….

오늘도 나는 여자의 전화를 받자 그런 짜증과 심술기부터 치솟았다. 그래서 짐짓 여느 때처럼 그냥 애매한 대꾸로 전화부터 우선 끊게 한 것이었다. 게다가 오늘은 또 다른 날과 달리 훨씬 난처한 사정이 있었다.

사실을 말하자면 나는 이미 캐비닛 속에 보험 카드들을 받아놓고 있었다. 이틀 전엔가 이미 관할 조합으로부터 우리 회사의 보험 가입 승인이 통보되어 왔던 것이다. 그리고 그 통보를 받자마자 전화 당번인 미숙이년이 공연히 신이 나서 그 길로 조합으로 달려가 카드들을 몽땅 찾아다 놓은 것이다.

하지만 나는 당장에 그 카드를 직원들에게 나눠 주고 싶지가 않았다. 별반 이렇다 할 이유는 없었지만, 카드를 냉큼 나눠 주기가 공연히 망설여졌다. 카드를 나눠 주면 무슨 엉뚱한 손재수라도 불러들일까 봐 두려웠다.

나는 카드들을 캐비닛 속에 깊숙이 숨겨 두고 미숙이년에게 그 사실을 입에 담는 것조차 엄하게 금해 두었다. 그리고 공연히 다시 보험 가입 절차 같은 데에 뒤늦은 하자라도 드러나기를 마음속으로 은근히 기다렸다.

그러다 보니 김 기사 부인의 전화질은 오늘 따라 나를 더욱 짜증스럽고 난처하게 만들었다. 오늘은 또 그 미숙이년마저 전혀 조심성 없이 전화를 냉큼 바꿔 준 것이었다.

"김 기사네 가족 전화는 눈치 보아서 가급적 내게까지 바꿔 주는 일이 없도록."

여자와의 통화가 끝났을 때마다 미숙이년에게 매번 당부해 온 소리였다. 미숙이년도 아예 사세부득한 경우를 제외하고는 대개 내 당부를 명념하고 요령 있게 중간에서 전화를 따돌려 버리기 일쑤였다. 그런데 오늘 따라 그 미숙이년마저 전혀 조심성이 없었다. 혹은 짐짓 시치미를 떼고 한 짓인지도 모를 일이었다. 미숙이년에게도 누군가 집안에 줄곧 자리에만 누워 지내는 사람이 있다던 가. 그래 그놈의 카드들을 캐비닛 속에 숨겨 두고 있는 나를 일부러 골탕 먹이고 싶어진 것인가. 여 자와의 통화를 끊고 나서도 내내 자리에 붙어 앉아 흘끔흘끔 내 눈치만 살피는 미숙이년의 표정이 아무래도 좀 심상치 않아 보인다. 그 눈길에 은밀한 질책과 원망기 같은 것이 숨어 있는 것 같다.

여자의 전화를 받은 지 한 시간쯤 만에 나는 결국 자리에서 일어섰다. 그리고 캐비닛 속에서 김 기 사의 카드를 주머니에 찾아 넣고 김 기사네 집을 향해 회사를 나섰다. 김 기사의 딱한 사정도 사 정이었지만, 기왕지사 카드까지 만들어 놓은 마당에 그게 비록 부정이거나 말거나 더 이상 미숙이 년의 눈길을 견디고 앉아 있을 수가 없었기 때문이었다. 뿐만 아니라 녀석의 그런 눈길이 이상하게 자꾸만 내 육신을 젖은 속옷으로 축축하게 감싸 오는 것 같았기 때문이었다.
"사장님이 직접 가 보시려고요? 그러심 제게 집 약도를 받아 놓은 게 있는데요. 전에 김 기사 사모 님이 회사에 오셨을 때 혹시나 하는 생각이 들어서 말씀예요."
미숙이년은 아닌 게 아니라 그동안 내내 내 기미만 살피고 있었던 듯 금방 안색이 환하게 밝아졌다. 그리고 묻지도 않은 김 기사네 셋방 약도까지 친절하게 내게 건네주는 것이었다.

나는 말없이 그 약도를 받아 들고 회사를 나섰다. 하지만 아직도 뭐 김 기사네의 사정을 위해서만은 아니었다. 기왕지사 카드를 쓰게 할 양이라면 직접 찾아가 내 손으로 전하는 편이 생색도 더할 게고, 그보다는 또 그쪽 사정을 한번 내 눈으로 직접 보아 두는 것이 뒷일을 위해 좋을 듯싶었다.

하지만 막상 약도조차 별 도움이 안 될 만큼 구불구불 길고 좁은 골목길 끝에 숨어 앉은 김 기사네의 초라한 셋방을 찾아들었을 때는 그런저런 나의 속요량들도 모두 부질없는 물거품이 되고 말았다. 김 기사네의 처지가 너무나도 딱하고 비참해 보였기 때문이었다. 비좁고 누추한 셋방 살림은 문제도 아니었다. 나를 놀라게 한 것은 비참한 환자의 몰골과 심각한 용태였다. 김 기사는 원래의 모습을 알아볼 수 없을 만큼 얼굴이 온통 무섭게 부어올라 있었는데, 그와 반대로 하반신 쪽은 뼈만 앙상하게 메말라 있었다. 눈을 자주 깜박이고 있었지만, 시력은 이미 사람의 형체조차 알아보지 못하는 것 같았고, 거기다 무슨 알아들을 수도 없는 소리들을 쉴 새 없이 중얼대고 있었다.

"전화 따르릉…… 하나 둘 셋, 하나 둘 셋…… 카드…… 일이삼사오육, 보험 카드……."

"여보, 사장님이 오셨어요. 당신 회사 사장님 말씀예요……. 보세요, 여보. 이분이 누구신지, 당신

사장님을 알아보시겠어요……"

여자가 아무리 남편의 의식을 일깨워 보려 해도 소용이 없었다. 나는 아예 아무런 말도 입에 담을 수가 없었다. 다만 몸속에 속옷이 갈수록 촉촉이 젖어 드는 느낌뿐이었다. 그것은 이제 분명 김 기사의 속옷만은 아닌 것 같았다. 그리고 김 기사는 이제 자신의 몸으로 옷을 말릴 만한 체온이 한 방울도 남지 않은 사람의 몰골이었다. 그것은 이제 김 기사와 누군가가 함께 체온을 합해 말려야 하는 공동의 옷인 것 같았다. 그 젖은 속옷의 축축한 습기가 이젠 그토록 역력한 느낌으로 내게 실감이 되어 왔다. 하지만 여전히 할 말이 없었다. 여자도 그만 입을 다물고 있었다. 그리고 이제는 설움을 적셔 낼 눈물조차 다한 듯 메마른 눈길로 한동안 조용히 남편의 모습만 지켜보고 있었다. 그러더니 그녀는 다시 무슨 생각이 들었는지 새삼 나지막히 가라앉은 목소리로 뒤늦은 인사말을 건네 왔다.

"사장님, 정말 감사합니다. 사장님, 이 은혜를 어떻게 보답해야 할지 알 길이……"

하지만 여자의 그 엉뚱한 인사말도 그리 오래 계속되지는 못했다. 여자는 이내 다시 목이 메이고 말았던 것이다.

나는 여전히 할 말이 없었다. 내가 김 기사와 그 아내 앞에 무슨 감사 받을 일이 있었단 말인가. 내가 이들에게 무슨 은혜를 베풀었더란 말인가. 나는 혼자 멍청스레 머릿속을 헤집고 서 있었을 뿐이었다. 그러다가 문득 어떤 변명거리라도 찾아내듯 서둘러 양복 속주머니에서 김 기사의 보험 카드를 꺼내 들었다. 김 기사의 용태를 보아서는 이제 그것도 거의 소용이 없을 것 같기는 하였다. 하지만 나는 그것이 소용이 되거나 말거나, 또는 그것이 어떤 불법적인 것이거나 말거나 그것밖에는 그 여자 앞에 할 수 있는 말이 없었다. 그리고 그것은 어쨌든 내가 해야 할 말이었다.

"마침 오늘 이 카드가 나오긴 했습니다마는……. 이게 아직도 소용이 될 수가 있다면 다행이겠는데……."

나는 더듬더듬 입속말로 말하고는 그것을 여자의 앞으로 내밀었다.

한데 여자는 또 어찌 된 일인지 그것을 이내 받아들려고 하질 않고 있었다.

내 말뜻을 알아듣지 못한 사람처럼, 아니면 그것이 아직도 무엇인지를 알아보지 못한 사람처럼 그저 물끄러미 응시하고 서 있을 뿐이었다. 그토록 기다려 왔고, 내게는 또 무엇을 그토록 감사하고 있었는지를 자신도 전혀 알 수 없는 것처럼. 혹은 또 어쩌면 그것을 받아들기가 무척이나 아깝고

겁이 나는 사람처럼. 어찌 보면 차라리 허탈기가 밴 듯한 멍청한 눈길로 그렇게 가만히 눈앞의 카드를 지켜보고만 있었다.

카드를 받아간 것은 그러니까 그 여자가 아닌 그의 아들 아이였다. 학교조차 나갈 엄두가 안 났던지 아이는 아까부터 무슨 쓰레기 자루처럼 방 한구석에 쑤셔 박혀 앉아서 조용조용 혼자 코를 훌쩍거리고 있었다. 그러면서도 한쪽으로는 계속 어른들의 기미를 살피고 있는 눈치였다. 그러더니 그 아이가 어느새 먹이를 찾아낸 솔개처럼 재빠른 동작으로 몸을 날려서는 내게서 카드를 덮쳐 간 것이었다. 그러고는 그것을 그 눈도 보이지 않는 아버지 앞에 들이대 보이며 애가 타는 목소리로 울부짖고 있었다.

"아빠, 여기 아빠 카드가 나왔어. 여기 좀 봐, 여기 이거 보여? 여기 이렇게 아빠 이름으로 된 치료 카드가 생겼단 말이야……."

"카드…… 카드? 전화…… 하나 둘 셋…… 보험 카드……."

환자는 그러나 여전히 의식이 혼란스러웠다. 아이의 말을 알아들었는지 어쨌는지 그 카드란 소리를 유독 여러 번 외워 대고 있기는 하였지만, 그럴수록 그의 그런 요량 모를 지껄임은 그의 어린 아들 녀석의 심사만 더욱 안타깝게 하고 있었다.

"그래, 아빠도 이젠 살아나게 될 거야……. 병원도 이젠 맘 놓고 가게 되구. 여기 이렇게 아빠 이름
이 똑똑히 쓰여 있는 카드가 있잖아. 응, 아빠! 이 카드를 좀 보란 말이야……."

언제나
　　요　요　모　양　요　꼴

이재철

100주년기념교회 담임목사.

얼마 전 아내와 함께 동대문 의류 시장에 갔었습니다. 스웨터와 겨울용 바지를 사기 위해서였습니다. 그곳에 가면 으레 물건 값을 깎아야 한다는 사전 지식이 있었던 터라 만 3천 원짜리 바지는 만 천 원으로, 3천 원짜리 스웨터는 2천5백 원으로 각각 깎았습니다.

쇼핑을 끝내고 흥인상가를 빠져나왔을 때 인도 노점상들 사이 조그만 좌판 위에 진열된 시계들이 눈에 띄었습니다. 얼마 전부터 꼬마 녀석에게 시계를 하나 사 주어야지 하는 마음을 먹고 있던 터라 만화가 그려진 어린이용 시계를 집어 들고 가격을 물었습니다.

50대 중반으로 보이는 아저
씨는 2천 원이라고 일러 주었
습니다. 그러나 동대문시장에
서 물건 값을 깎지 않는 사람
은 바보라는 말이 또다시 기억
나서 얼마를 받겠느냐고 되물
었습니다. 그 아저씨는 난감한
표정을 지으시더니, 이것 하나
팔아서 얼마나 남겠느냐며, 그
렇게 정 깎으려면 천7백 원만
내라고 했습니다. 결국 3백 원
을 깎아 준 셈이지요. 시계를
사서 주머니에 넣은 다음 오
랜만의 외출이라 아내와 나는
시장 앞에 늘어서 있는 포장
마차에 자리를 잡고는 떡볶이
랑 어묵, 순대 등을 시켜 먹었
습니다. 한창 맛있게 먹던 중

떡볶이 5백 원, 어묵 5백 원이
라고 쓰인 가격표가 눈에 띄었
을 때 갑자기 속이 막혀 더 이
상 음식을 씹을 수가 없었습
니다. 시계 장수의 얼굴이 눈
에 떠올랐기 때문입니다.

그 아저씨는 상가 안에서 점포
를 차려 놓고 장사하는 사람
과 같을 수가 없는 분, 기껏 노
상에서 2천 원짜리 시계 하나
팔아 다 남는다고 해도 2천 원
밖에 남지 않을 텐데, 그렇게
하루에 세 개씩 판다고 해도
주일 빼고 나면 한 달에 15만
원의 이득밖에 없을 것이 아닌
가? 그나마 원가를 빼고 나면
얼마가 그의 수입이 될지 알
수 없는 법, 혹 내가 깎은 3백

사 랑 케
하 소 서

원 때문에 오늘 장사를 망치
지나 않았을까 하는 생각들이
꼬리를 물고 이어지자 그 아저
씨에게 3백 원은 인색했으면서
도, 내 배를 불리기 위하여는
1, 2천 원을 우습게 여기는 내
꼴이 견디기 어려울 정도로 미
워졌습니다.
아내에게 그런 내 심정을 토
로했더니 동감이라 했습니다.
나는 그 시계 아저씨를 찾아
갔습니다. 그리고 3백 원을 되
돌려 드리면서, 내가 무리하게
깎은 것 같으니 용서해 달라고
했습니다만 그는 단돈 1백 원
이 남아도 이득이 있어 준 것
이니 받을 수 없다며 한사코
거절했습니다. 하는 수 없이

나는 근처 구멍가게에 들러
3백 원짜리 비스킷을 사 들고
다시 그 아저씨를 찾아가 이
번에는 깎은 돈을 되돌려 드
리는 것이 아니라 그저 아저
씨가 좋아서 선물하는 것이니
받으시라고 말했습니다.
집으로 돌아오며 앞으로 어떤
일이 있어도 노상에서 장사하
시는 분들의 물건 값은 절대
로 깎지 않으리라고 다짐했습
니다. 그리고 그 아저씨와 내
그릇의 차이를 생각하면서 하
늘을 향해 나 홀로 중얼거렸
습니다.
"하나님! 나는 왜 언제나 요
모양 요 꼴입니까?"

까치 까치

설날은

최명희(1947~1998)

소설가.
대표작 장편소설 《혼불》.

그는 목에 걸리는 마른침을 가까스로 삼키고는 드디어 두 눈을 무겁게 감아 버리고 말았다.

눈꺼풀이 나무 뚜껑처럼 내려 덮이는 순간 그는 자신의 머리가 까마득한 어둠의 낭떠러지로 굴러떨어지는 듯한 느낌에 아찔 어지러워진다.

—이럴 수가 있을까.

정말이지 이것은 미처 상상조차 하지 못한 일이었다.

—차라리 이렇게 아무것도 보이지 않는 편이 훨씬 나을는지도 모르지.

이미 써늘하게 식어 드는 그의 발 밑바닥으로부터 올라오는 한기가 온몸에 허연 성에로 얼어붙는다.

후드르르 가슴속이 떨린다.

그는 마음을 진정시켜 보려고 양손을 뻗쳐 강대상의 귀퉁이를 움켜잡았다. 그러나 순간 얼음 덩어리를 짚은 것 같은 섬뜩한 냉기에 놀라 그만 손가락을 오그리고 만다.

이상하게도 오늘은 무엇이든지, 눈에 보이는 것은 보이는 대로, 살에 닿는 것은 닿는 대로, 냉랭하고 차갑게 느껴진다. 그리고 귀에 들리는 것은 또한 들리는 대로 오스스 소름이 돋게 적막하였다.

때맞추어 언덕 비탈을 후려치는 바람의 회초리가 날카로운 비

명을 지르며 예배당의 천막 위로 떨어진다. 베 폭을 찢는 것 같
은 소리였다.

그 소리는 그의 가슴 복판에 예리한 금을 긋는다.

—내가 무엇을 잘못했을까.

그는 머리를 흔들었다.

그렇지만 눈을 다시 뜨기가 두려웠다.

아까보다 더욱 휑뎅그렁하게 느껴질 예배당의 허전한 빈자리를
차마 마주 바라볼 용기가 나지 않는 까닭이었다.

하기야 ‘예배당’이라고 말하고 있지만, 맨땅 위에 허름한 천막
하나를 기둥 삼고 지붕 삼아 두르고 있는 이 움막은 누가 지나
가다 보아도 을씨년스럽기 짝이 없는 형국을 하고 있었다.

더욱이 다른 보통 때였다면 벌써 예배가 시작되고도 남았을 시
간이 겨웁도록 아직 이 천막 교회에서는 아무 소리도 들리지 않
고 있는 것이다.

기도나 찬송의 소리가 울리지 않는 것은 그만두고라도 누구 사
람이 있는 것 같은 기척조차 느껴지지 않아서 얼핏 오늘은 평일
인가도 싶을 정도였다.

그도 그럴 것이 지금, 뒤집혀 날아가 버릴 것처럼 위태로운 천
막 속에는 오직 한 사람 서 목사만 얼어붙은 강대상을 붙들고
무겁게 눈을 내리감은 채 우두커니 서 있을 뿐이었으니, 옷자락

스치는 소리도 날 리가 없었다.

그렇다면 그는 날짜를 잘못 짚은 것일는지도 모른다. 거기다가 오늘은 새해 첫날이었다. 그리고 은혜스럽게도 그 첫날이 바로 주일이었던 것이다.

딱히 불교 신자가 아니더라도 음력으로 4월 초파일이 되면 아낙들은 한두 자루의 촛불 값이라도 챙겨 들고 절을 찾아 올라가듯, 한 해가 저무는 12월의 마지막에 들어 있는 크리스마스가 되면 사람들은 너나없이 저절로 즐거운 잔치 기분에 들뜨기 마련 아닌가.

그래서 빛깔도 화려한 카드를 준비하고 안부와 축복의 인사말을 적어, 멀고 가까운 이웃들에게 마음을 띄워 보내는 것이 이제는 누구에게나 익숙한 일이 되었다.

그런 것처럼, 평소에는 별로 내키지 않아서도 그렇고, 또는 마음은 있다 할지라도 결단을 내리지 못하거나 시간이 없어서 교회 근처에 오지 못했던 사람들도, 새해 첫 주일 하루 정도는 예배를 드리며 자신을 정리하고 새 출발을 해 보고 싶은 사람들로, 교회는 붐비는 것이 보통이었다.

믿지 않는 사람들까지도 그러할진대 하물며 '믿는 사람'들이 그렇게 못하랴. 그 위에 오늘은 새해 첫날과 첫 주일이 겹친 복된 날이 아니냐.

지난번에, 그가 이 천막 교회로 올 것이 확정되었을 때, 무엇보다도 그가 희망적으로 느꼈던 것이 바로 이런 첫 예배에 대한 암시였다.

말하기가 쉬워서 '가난한 이웃'이니 '불우한 청소년'이니 하지만, 실제로 이렇게 동냥으로 목숨을 이어가는 사람들이 웅기중기 엎드려서 하루 한 끼니를 빌어먹고 사는 동네에 그가 목사로 부임하여 간다는 소식을 듣고 제일 먼저 놀란 사람은 임 목사였다.

임 목사는 신학교의 기숙사에서 한방을 쓰던 친구이기도 했다. 그리고 그는 벌써 기독교 학교의 교목실에 먼저 자리를 잡은 뒤, 될 수만 있으면 같은 재단의 다른 학교에 친구인 목사를 심어 주려고 애쓰는 중이었다.

"이런 판국에 거지들의 목사가 되겠다고? 그런 터무니없는 탁상공론이 어디 있단 말인가. 자네는 정말로 세상 물정을 모르는 철부지로군. 고생도 할 만큼 한 사람이 어찌 그리 야무지지 못한가, 이 사람아. 물론 이상이란 높고 크고 귀한 것이네. 그리고 화려한 것이지. 설령 그것이 자기의 사지를 찢어 허공에 뿌리는 일일지라도, 비참하거나 가혹하게 느껴지기는커녕 오히려 황홀하게 사람을 사로잡는 것, 그것이 바로 이상이라는 괴물단지라네. 이 세상의 누구인들 젊은 한 시절에 뜨거운 이상을 품어 보지 않은 사람이 있겠나? 그렇지만 그것은 어디까지나 '한 시절'의 이야기지 어리석게도 평생을 걸 만한 것은 못 되네. 이상을 좇아 자기의 모든 것을 버린 사람은 결국 그 허무맹랑한 이상의 발길에 채여 거꾸로 버림을 받고 마는 법일세. 자네 그것을 모르나? 아주 우습고 속된 이야기네만 그 속에도 진리가 있기에 내 한마디 하겠네. 옛말에 열녀의 무덤에는 잡초만 우거지고, 창기의 무덤에는 열녀비가 선다는 말이 있네. 열녀는 정절을 지키고 일생 동안 수절을 하였으니 자식이 있을 리 없지 않은가. 누가 돌보는 사람조차 없어서 결국 망초만 우거진 몹쓸 무덤이 되고 말았는데, 천하다고 손가락질 받던 창기는 여러 아이를 이 사람 저 사람한테서 받아 낳았다지 무언가. 자식들이 장성하여 자기 어머니 인생을 불쌍히 여기고, 또한 자기들이 창기의 자식이라는 사실이 가슴에 사무치게 부끄럽기도 하여 부지런히 돈을 모은 다음에 비석을 깨끗이 세우고, 거기에 명문으로 제 어미의 글자를 아름답게 새겨 넣으니…… 그 당시의 사람들이야 그런 일을 비웃었을지도 모르겠지만, 날이 가고 달이 가서 세월이 바뀌면, 어느 후대에 그 어느 누구라서 비석에 쓰인 말을 믿지 않으리. 지나가던 길손도 걸음을 멈추고 읽어 볼 것이네. 그러나 이지러진 흙더미에 불과한 열녀의 무덤에는 다람쥐가 오줌을 누며 재주나 넘는단 말일세. 내 말이 무슨 말인지 자네 알아듣겠는가? 타협을 하게. 타협을."

임 목사는 단호하게 말끝을 잘랐었다.

"이상이라는 허깨비에 씌이지 말게.

자네가 꼭 그렇게 거지들을 대상으로 말씀을 전파해야 하는 무슨 까닭이 있단 말인가.

하나님의 말씀을 뿌릴 밭이라면 차라리 학교가 얼마나 좋은 곳인데그래.

이곳 우리 학교의 몇천 명 여학생들도 모두 하나님의 딸들이 아닌가. 굳이 거지 소굴로 들어가서 거지들과 함께 살며 거지들을 위해 말씀을 먹이는 것만이 신앙의 양심에 어긋나지 않는 길이라고 고집한다면, 그것은 자네의 용렬한 편견에 불과하네.

이 어린 여학생들의 순진무구한 영혼이야말로 백지와도 같이 깨끗한 옥토가 아닌가.

메마른 자갈밭의 가시덤불 엉겅퀴 위에 아무리 귀한 씨앗을 뿌려본들 무엇하나. 헛되이 땀 흘리며 수고할 뿐 거둬들일 수확을 바랄 수가 있어야지. 그것은 낭비일세.

하지만 이 여학생들을 가르치고, 이 학생들을 길러 내면, 가히 몇백 배, 몇천 배의 알곡을 추수할 수 있을 것이네.

우선 숫자로만 보더라도 그렇지. 지금이야 이 아이들이 각각 홀몸이지만, 이윽고 미구에 어머니가 될 것인즉, 그 자녀들만 하더

라도 몇 명이 될 테지만, 그 자녀의 자녀는 또 몇 명이 될 것인

가. 기하급수일세. 하나는 둘을 낳고 둘은 넷을 낳지."

"하나님 말씀이 무슨 재산 증식을 위한 투기인가? 그렇게 이자

가 많게."

서 목사는 그냥 웃으면서 말했었다.

"물론 이런 숫자를 이야기하는 것은, 가난하고 허황된 우유 장

수 소녀의 일화에나 있음 직한 예를 드는 것과도 같겠지. 시장

으로 팔러 가는 우유를 머리에 이고서, 이것을 팔아 달걀을 사

고, 달걀을 팔아 암탉을 사고, 암탉을 팔아서 무엇을 사고, 또

무엇을 팔아서 다른 무엇을 사면 무엇이 어떻게 된다는 꿈에

부풀어 그만 발을 헛딛고 말았다던가 하는, 그 왜 인간의 몽상

을 꼬집어 준 이야기 말일세. 결국 눈앞의 돌부리를 못 보고 채

여 넘어지면서 그 귀한 몽상의 우유를 길바닥에 쏟아 버리고는

엉엉 울었다는 소녀의 모습을 우리가 비웃을 수만은 없겠지. 이

것은 자네한테나 나한테나 두루 해당되는 이야기 같네. 나는,

그런 꿈이 이루어질 수는 없다는 것을 쉽사리 알아차리고 그저

우유통이나 성실하게 나르면서, 발밑에 돌부리 없는가, 허방은

없는가, 어디로 해서 가야 시장 길이 가까운가, 그런 것에 신경

을 쓰는 사람이겠지. 허나 그것이 바로 생활인의 자세 아닐까?

목사는 사람 아닌가? 그런데 자네는 어리석게도 몽상의 우유에

사로잡혀 있네. 제 발을 걸고 넘어질 돌부리가 복병처럼 뾰족하게 덫을 놓고 기다리고 있는데도 말이야. 그러니 넘어질 작정하고, 우유 쏟을 작정하고, 말하자면 망해 버릴 작정을 하고서 길을 가는 사람이 아닌가 말이야, 자네가.

여보게.

자네, 목사도 사람인데, 다른 것은 다 제쳐 두고라도 그래 무엇을 먹고 살 텐가. 그래도 학교의 교목이란 일단 안정된 생활은 할 수 있는 직책이네. 큰 목회를 하는 목사들에 비길 수는 없지만, 그저 소시민적인 생활 정도는 누릴 수가 있단 말이지. 비교적 일도 쉽고."

그의 귀에는 토막토막 끊어지는 임 목사의 목소리가 가까이 들렸다가 멀리 아득해졌다가 다시 울리곤 했다.

그의 마음을 돌려 볼 심산으로 그랬는지 임 목사는, 자기 학교의 월례 행사인 '헌신 예배'에 그를 외래 강사로 초빙한 일이 있었다. 드넓은 강당의 아득한 끄트머리까지 가득 차게 모여 앉은 여학생들의 단추같이 조그맣게 보이던 얼굴이며 검은 머릿결, 그리고 하얀 깃, 흡사 비둘기의 날개처럼 어여쁘고 깨끗하게 펼쳐진 그 깃은, 앞으로 옆으로 뒤로 줄을 맞추어 바둑판 모양을 이루고 있었다.

그리고 기독교 학교답게, 교실 벽면마다 두세 개씩의 성구가 걸려 있었고, 복도에는 즐비한 예수님의 초상화며, '오늘의 기도' '오늘의 찬송' '오늘의 성경 말씀' 들이 붙어 있었다.

층계를 오르다가 구부러지는 곳의 벽면에도 성경 구절이 적혀 있었고, 심지어는 곰살맞은 종교부원의 봉사 활동이 빚은 귀여운 정성이겠지만 화장실의 문짝에도 분홍, 노랑 종이를 오려 붙여 그곳에 깨알 같은 말씀을 적어 놓은 것을 보고 그는 웬일인지 실소를 하고 말았다.

무소부재(無所不在).

과연 예수님이 계시지 않은 곳은 없었다. 학교는 온통 예수님과 말씀으로 도배가 되어 있으니까. 빼꼼한 빈칸만 있으면 그곳은 예수님의 차지였다.

현관의 거울 귀퉁이에서도 예수님의 스티커는 웃고 있었다.

그때 느닷없이 뒤통수를 치는 폭음이 쾅 하고 스피커에서 터지는 바람에 그는 깜짝 놀랐다. 그것은 강한 터치의 피아노 소리였다. 그 학교에서는 수업의 시작과 끝 종을 대신하여, 그렇게 녹음된 찬송가의 한 소절을 방송으로 내보내고 있다는 것이었다.

뿐만 아니라 직원 조회, 학생 조회, 주번 조회는 물론이고, 종례를 포함한 크고 작은 여러 가지 신호를 할 일이 있을 때는 언제나 그 찬송가 테이프를 사용한다고 했다.

그러니 하루 온종일 찬송가와 더불어 사는 셈이나 마찬가지였다.

또한 교무실에서는 하루의 일과를 시작하는 직원 예배, 교실에서는 학생 예배, 수업 시간표에는 성경 과목 그리고 일주일에 한 번씩 전체 예배, 특별활동으로는 종교부가 있어, 어차피 그 학교에 발을 들여놓은 선생이나 학생은 '예수님'에게서 벗어날 수 없게 짜여 있었다.

그리고 전교생에게 '교회 출석 카드'라는 것을 나누어 주고, 일요일에는 반드시 교회에 나가 예배에 참석하고는, 그 증거로 카드에 도장을 받아 오게 하였는데, 월요일 조회 시간에 담임교사가 일제히 걷어, 일일이 점검하게 하고 있었다.

그래서 도장 하나에 1점씩 준다는 것이었다.

"하나님은 우리들의 아버지이십니다. 일주일 동안 밖에 나와 일하고 공부하다가도 주일만큼은 반드시 교회로 돌아가 그곳에 계신 아버지 하나님께 문안 인사를 여쭙는 것이 자식으로서의 예의가 아니겠습니까? 우리 인간 사회에서도 효자와 불효자식이 있는데 그것은 신앙생활에서도 마찬가지입니다. 우리 사람들도 효자에게는 큰 상을 내리고 불효자식은 따끔한 매를 때리듯이, 우리 학교에서도 교회에 출석하지 않고 딴짓을 하며 주일을 보낸 사람에게는 1점씩 점수를 깎아 반성의 기회로 삼도록 하겠으니 그리 알기 바랍니다" 하고 카드의 점수 제도에 대하여 설명한 다음, 그것에 근거를 두어 생활기록부의 행동 발달 상황의 평가 기준을 삼는 것이다.

즉 '신앙생활'이라는, 보통 인문계 고등학교에는 없는 칸을 특별히 만든 생활기록부의 가, 나, 다 평가를 하다가 한 여선생이, "이건 우리가 표시할 칸이 아니지 않을까요? 오직 하나님 한 분만이 한 인간의 신앙생활을 평가하실 수 있는 것이지 어떻게 우리가 공표, 가위표, 세모표를 할 수 있겠어요? 이런 칸은 없었으면 좋겠어요. 공연히 아이들에게 죄짓는 것 같구요, 또 모조리 공표를 쳐줄 수도 없는 일이구요. 무조건 교회 나간 도장 숫자만 가지고 신앙의 우열을 가린다는 건 좀 무식한 처사 아닐까 싶어요. 거기다가 무조건 몇 사람은 비율대로 '다'를 맞아야만 하니 헌신 예배에 헌금 쪼끔 낸 사람을 '다'를 주겠어요, 아니면 불교 신자를 '다'를 주겠어요? 솔직히 말해서 뭐 교회에만 눌어붙어 산다구 신앙이 좋은 것두 아니잖아요? 목사들두 입만 살았지 무얼 그리 대단하게 거룩하던가요? 난 우리 학교 임목사를 보고 있으면 세일즈맨 같은 생각이 들어요. 예수 팔아서 구전 얻어먹구 사는 거지요 뭐. 솔직히" 하고 야무진 소리를 내뱉다가, 어느 틈엔지 그녀의 등 뒤에 귀신처럼 다가와 서 있던 임 목사의 그림자에 놀라 기겁을 하고는, 그만 영 딴사람이 되어 버리고 말았다는 이야기도 있었다.

그 여선생은 도저히 학교를 그만둘 수 없는 형편이었으며, 아침 저녁으로 임 목사와 마주치지 않으면 안 되었으니, 뒷덜미를 잡힌 짐승처럼 두려운 눈빛으로 사방을 살피는 버릇이 생긴 데다가, 피할 수 없는 자리에서 임 목사와 마주치면 필요 이상 비굴하게 허리를 굽히면서 공연한 한두 마디 찬사를 덧붙이곤 한다는 것이었다.

그런 뒤로 교무실에서는 '신앙'이며 '종교' '목사' 들에 대한 이야기는 은연중에 금기 사항으로 묵약이 되어 갔다.

거기에 좀 더 은밀한 까닭이 있다면 임 목사가 교장과 아주 가깝다는 사실이 숨어 있었을 것이다.

"믿음의 딸들을 믿음의 어머니로."

이 말은 교장실의 액자에 먹빛도 선명하게 적혀 있었다.

"그렇지만 고등학교 평준화가 이루어져서 우리들은 그만큼 더 어려워진 것이지. 예전 같으면 좋으나 싫으나 자기들이 선택해서 들어왔으니 다른 잔소리를 할 수가 없이 우리 학교 방침대로 따라와 주었지만, 이제는 달라. 온갖 잡동사니 종교들이 한꺼번에 회 부대 터놓은 것같이 쏟아져 들어오니 이건 도무지 갈피를 잡을 수 없을 지경이야. 우리로서는 소신대로 밀고 나가지만, 때때로 학부형들이 전화를 하고 야단이지. 종교의 자유가 있는 나라에서 왜 특정 종교를 강요하고, 그것을 점수에까지 반영하느냐 마느냐……."

그래서 성경 점수는 내신 성적에 안 들어가니 걱정 마시라고 대답을 해 드려도 막무가내라는 것이었다.

"아이들 마음이 어디 그래요? 점수라면 많이 받으려고 눈에 불을 켜는데 야비하게 그 약점을 이용해서 기독교를 전파한다는 건 양심적인 포교 방법이 아니지 않습니까? 출석 카드 도장인가 무언가 받아야 한다고 어제두 그냥 열이 벌겋게 오른 어린 것이 기어이 교회엘 가니 이게 무슨 꼴이에요? 그 아이 오늘 학교에 못 간 것두 다 그 교회 탓이니까 학교에서 책임지세요. 나원, 곁에 사람 신경 쓰여서 어디 살겠어요?" 하며 신경질적으로 전화를 끊어 버리는 날카로운 학부모도 한둘이 아니라고 했다.

"예수님은 끈끈이 주걱이다."

화장실 벽에 굵은 사인펜으로 휘갈겨 써 놓은 구절이 아이들 사이에 킥킥거리는 소문으로 번진 것이 어떻게 교목실까지 알려지게 되었다.

한바탕 소동이 난 끝에 종교부장 학생이 연필 깎는 칼과 물 한 대야를 들고 화장실 문짝을 열어젖혔을 때, 그곳에는 다른 사람의 필적으로 대구(對句)를 이룬 구절이 나란히 쓰여 있었다.

“정말이다. 징그럽다.”
“예수여, 본국으로 돌아가거라.”

종교부장은 가슴이 덜컥 내려앉아 콧등에 땀이 송송 돋아나도록 열심히 있는 힘을 다하여 그 글씨들을 파냈다. 웬만큼 다 되었다 싶어 이제는 마무리로 물을 끼얹으려다가 깜짝 놀라고 말았다. 횟가루 벽에는 이제 문신처럼 글자가 새겨져 각인이 되어 버렸기 때문이었다.
“그것뿐이 아니라네. 내 화가 나서 그놈은 끝내 졸업을 안 시키려고 했는데, 결국은 반성문 한 장을 받고 용서해 주었지만…….”
졸업반의 마지막 졸업 시험 때의 일이었다.
그때 성경 과목 출제는 ‘종교와 과학과 철학의 차이를 논하라’고 주관식 문제를 냈었다.
“이런 나쁜 놈이 글쎄 답안지에 뭐라고 썼는 줄 아는가? 그것도 전교에서 항상 일등만 하던 놈이 말이야.”

허연 백지 위에 단 석 줄로 끝낸 그 문제의 시험 답안지에는 이
렇게 쓰여 있었다고 한다.

"종교는 모자를 만들고,

과학은 구두를 만들고,

철학은 안경을 만들었다."

그때 일이 새삼스럽게 떠오르자 새로 분노하는 임 목사에게 서
목사는 웃으면서 대꾸했다.

"예수님의 말씀을 너무 포식시킨 탓인가 보네. 배탈이 난 게로
구만."

그러나 지금은, 차라리 그 임 목사의 분노와 고민이 부럽고, 빼
곡이 들어차서 숨 쉴 수도 없을 만큼 예수님으로 빽빽하던 그
여학교의 포만이 부러웠다.

어찌 되었든 그곳에는 대상이 될 '사람'들이 있었지 않은가.

진저리 쳐지는 증오는 손바닥 뒤집듯 사랑으로 바뀌는 수도 있
으며, 미움으로 시작된 관계가 드디어는 애정으로 변화되어 밀
착되는 경우도 얼마든지 있는 법이니, 지금 서 목사를 얼어붙게
하는 이 냉랭한 무반응의 거부보다 얼마나 인간적이고 귀여운
반항인가.

이슬비에 옷 젖는 줄 모른다고, 어쨌든 만 3년을 듣고, 보고, 배운 예수의 모습은 그들의 옷에 스미고, 살에 스미고, 드디어는 마음에 스며들기도 할 것이다.

그런데 나는 지금 무엇을 하고 있는 것일까.

이른 새벽 동이 트기도 전부터 준비하고 기다리던 이 첫 예배의 허두에서부터 모질게 배척을 당하고 만 나는 도대체 누구인가.

그는 언덕 비탈을 쓸고 지나가는 바람 소리에 귀를 기울인다. 그 소리에 뒤미쳐 누구네 집인가의 허름한 판자문이 저절로 여닫히는 소리만이 텅 빈 예배당과 그의 가슴팍을 삭막하게 흔들 뿐 아직도 사람은 들어오는 기척이 없다.

"임 목사, 나는 나의 찬란한 이상을 위해서 천막 교회로 가는 것은 아닐세. 또한 주제넘은 동정심이나 어처구니없는 만용 때문에 거지 소굴로 뛰어 들어가려는 것도 아니라네. 다만 나는 내가 갈 곳으로 가려는 것뿐이야. 이 길은 선택이 아니라 운명이라고나 할까. 대추나무에 대추 열리고 감나무에 감이 열리듯이 나는 내 모양을 살려고 그러는 것일 뿐, 다른 뜻은 없네."

그는 그 한마디를 임 목사에게 남기고, 어젯밤 늦게서야 낡은 가방 하나만을 든 채로 왔던 것이다. 아직 나이 젊은 탓도 있겠지만 그는 이날까지 짐이라는 것이 별로 없는 사람이었다.

언제라도 일어서면 길을 떠나는 것이고, 자리에 앉으면 그곳이 바로 거처가 되는 30여 년의 세월을 그는 살아온 셈이었다. 그나마도 가장 긴 시간을 한곳에서 머무를 수 있었던 것은 초등학교를 졸업할 때까지 먹고 자란 보육원이었다.

인덕보육원.

문패 대신 붙어 있던 쪽 판자가 그의 머리에 떠오른다.

그나마 한쪽 귀퉁이가 떨어져 달아난 그 판자는 몇 년이나 그렇게 희끄무레한 글씨로 늙은 노인처럼 남루하게 붙어 있었는지 알 수 없었다.

누가 홧김에 발길로 걷어찼었던가.

떨어져 나간 판자 귀퉁이에는 신발 자국이 꽤 선명하게 남아 있었는데 누가 굳이 지우지도 않았던 것 같다.

그는 초등학교에 입학을 하고 나서도 한참이나 지나도록, 아이들은 누구나 자기처럼 보육원에서 사는 것인 줄 알았다.

"자, 오늘은 자기 집의 가족들 이름을 공책에 써 보기로 하겠어요. 여러부운, 우리들 집에는 누가 계시지요?"

저요.

저요.

저요오오.

아이들은 싸리버섯 같은 손바닥을 공중으로 추켜올리며 궁둥이까지 들고 일어서서 소리를 쳤다.

그중에 한 아이가 지목되자 다른 아이들의 손은 아쉬운 듯이 머뭇거리며 내려졌다.

"엄마요."

"그리고?"

"아빠요."

"그리고?"

"동생요."

"그렇지요? 또 형이 있거나 누나 언니가 있는 사람 손들어 보세요."

저요.

저요.

저요오오.

"좋아요. 손을 내리세요. 또 할머니, 할아버지가 계신 집도 있을 거예요. 공책 다 폈지요오?"

꼬리가 긴 아이들의 대답 소리가 호기롭게 솟구쳤다.

"자, 지금부터 글자 틀리지 말고 한 사람 한 사람씩 곰곰이 생각하면서 공책에 적어 보는 거예요. 알겠지요? 선생님이 어제 숙제로 집에 가서 가족들 이름을 모두 알아 오라고 했지요? 알아 왔어요오?"

그러자 아이들은 또다시 꼬리가 긴 대답을 신이 나게 끌며 했다. 어떤 아이들은 공책을 들어 보이기도 하고 어떤 아이들은 종이 조각을 공중에 들어 팔랑거리기도 하였다.

집에서 적어 왔다는 표시였다.

"자, 여러분. 지금부터 써 보세요."

그는 공책의 뒷장을 열치었다.

그곳에는 새까맣게 가득 찬 형제의 이름들이 비뚤비뚤 기우뚱거리고 있었다.

남다르게 글을 빨리 깨쳤던가.

그는 보육원 형제들의 그 많은 이름들 중 혹시 누가 빠지지 않았는지 꼼꼼하게 읽어 보고는 공책에 쓰기 시작했다. 한 페이지가 넘쳐나게 썼는데도 아직 다 못 쓰고 끙끙거리는데 선생님은 그만하라고 손뼉을 딱딱 두드렸다.

그리고 누가 큰 소리로 자기가 쓴 것을 읽어 보라고 했다.

그는 벽력 같은 목소리로 "저요!" 하고 주먹을 번쩍 들어 올렸다. 다른 아이들은 기껏해야 몇 명 적고 마는데 자기만큼은 비교도 안 될 엄청난 형제가 있다는 것이 자랑스러웠기 때문이었다. 그리고 지목된 그는 끝도 한도 없이 이름들을 읽어 나갔다.

아이들은 다갈다갈 웃어 젖혔다.

하기야 맨 처음에 '서병찬'까지는 웃지 않았다. 그러다가 다음

이름 '조영수'라고 읽자 키익 웃음이 터지기 시작하더니 '김희길'에 이르러는 고개들을 기웃기웃 뒷자리로 빼 밀며 웃는 것이었다.

그런데도 그는 몰랐다. 열 명이 넘는 이름의 성씨들이 울긋불긋 각동백이로 나부낄 때 아이들은 허리를 잡으며 무슨 반편이가 농판짓을 하는 것을 보듯 웃어 댔다.

그는 선생님이 앉으라고 말한 것도 모르고 열일곱 명, 열여덟 명, 열아홉 명의 이름들을 읽었던 것이다.

"비잉신. 야 이 새끼야, 그게 느네 형제들 이름이야? 니까짓 게 무슨 형제나 있어? 엄마도 없는 것이."

얼굴이 벌겋게 되어 주저앉은 그의 귀에 바짝 대고, 옆자리 짝궁 아이가 을러뗐다.

그렇게 형제가 와글와글 많다는 것이 사실은 하나도 없다는 말과 같다는 것을 그는 그날부터 알게 되었다. 그리고 그에게 없는 것은, 형제나 부모뿐만이 아니라는 것도 차츰 알게 되었다. 아니, 오히려 그가 가지고 있는 것이라고는 아무것도 없다고 말하는 쪽이 훨씬 정확하다는 것도 알게 되었다.

그러면서 5학년이 되었다.

꼬챙이처럼 비쩍 말라 머리통만 커다랗던 그의 손등이 시뻘겋게 얼어 터지면서 피딱지가 가실 날이 없던 추운 겨울.

아이들의 발은 푸르뎅뎅하게 부어오르면서 가렵고 진물이 났다. 그래서 아이들은 밤이고 낮이고 발을 긁느라 정신이 없었다. 대부분 제 발보다 크거나 작은 고무신짝이나 운동화짝을 끌며 구멍이 뚫린 양말을 가까스로 얻어 신고 추위를 달래고 있을 때, 뜻밖에도 어느 날 알록달록한 선물 꾸러미 몇 개를 들고 손님들이 찾아왔다.

"우리들은 교회에서 여러분을 찾아온 형제들이에요. 며칠만 있으면 아기 예수님이 탄생하신 크리스마스랍니다. 이날은 아주 좋은 날이에요. 저 높고 높은 곳에 계시는 굉장히 인자하신 하나님 아버지의 아드님이 바로 이 예수님이신데요, 그분은 가난하고 헐벗은 사람들이 너무나도 불쌍하고 가엾어서 왕자님의 자리를 버리고 이 땅 위에 오셨답니다. 바로 여러분을 찾아서 오신 거예요. 얼마나 고마우신 분인가요. 우리들은 누구든지 이 예수님을 믿기만 하면 하나님의 아들이 될 수 있고, 예수님의 친구가 되니 얼마나 신나는 일이에요? 그렇지요? 크리스마스는 바로 이 예수님이 말구유에서 태어나신 날이에요. 잊어버리지 마세요. 이날은 온 세상 사람들이 너무나 즐거워서 찬송가도 부르고 예배도 드리면서 잔치를 하는 날이랍니다. 그래서 우리가 이렇게 그 기쁨을 함께 나누려고 찾아온 거예요. 여러분도 그날은 모두모두 교회에 나와서 함께 예배를 드릴 수 있었으면 좋겠어요. 자, 다 같이 큰 소리로, 크리스마스!"

그날 밤 그가 받은 선물은 조그만 성경 한 권이었다. 조금 낡기는 했지만 학교에서 배우는 교과서가 아닌 이야기 책이라는 사실 때문에 그는 몹시 즐거웠다.

그러나 도무지 알 수 없는 말들이었으므로 읽어 보아도 아무 재미가 없었다. 그래서 책가방 속에 그냥 아무렇게나 쑤셔 넣고 말았다.

―차라리 양말이나 한 켤레 주지…….

그 점이 몹시도 애석하여 진물이 나는 발가락을 긁으며 그는 크리스마스를 기다렸다. 공연히 그날을 생각하면 가슴이 울렁거리고 설레어 제대로 잠도 오지 않을 지경이었다.

무엇인지 모르겠지만, 그날 밤, 교회라는 곳에 가게 되면 지금까지와는 전혀 다른 신기한 일이 벌어질 것만 같았다. 그것은 다른 아이들도 마찬가지였다.

서로 눈짓으로 신호를 보내고, 은밀한 약속을 굳게 한 다음, 일찍일찍 자라고 호통을 치며 불을 끄고 다니는 보모의 감시를 피하여 결국 그들은 크리스마스를 맞이하는 밤에 보육원 담장을 빠져나왔다.

아아, 그때의 가슴이 터질 것 같은 즐거움이라니.

압박과 설움에서 해방된 민족이 따로 없었다.

따뜻하고 밝은 나라, 선물이 그득 쌓여 있는 곳, 황금 옷자락을 늘어뜨린 예수님이 두 손을 벌려 맞이해 주는 교회를 향하여 아이들은 머리통을 흔들며 매운 바람 속을 쌩쌩 헤치면서 달려가고 뛰어갔다.

아아, 식은 밥덩어리.

다 떨어진 바지에 맨발은 진저리가 난다.

거기다가 보모의 잔소리는 왜 그렇게 많으냐.

그중에서도 유독 동상이 심했던 그는 절뚝거리면서도 뒤처지지 않으려고 뒤뚱뒤뚱 내달았다. 만일 여기서 처지면 그만 자기 앞에서 덜컥 문이 닫히고 말 것만 같아서였다.

교회의 불빛이 눈부시게 쏟아지는 창문 아래 다다랐을 때 그들은 순간 멈칫 서고 말았다.

정말일까?

아닐는지도 몰라.

속은 것은 아닐까?

우리를 쫓아내면 어떻게 하지?

그의 귀에는 순간, 1학년 때 형제의 이름을 신이 나게 읽은 그를 향하여 터지던 웃음소리가 쏟아졌다.

"들어가지 말고 구경이나 하자."

그는 창문턱을 잡고 기어오르며 뒤쪽의 아이에게 소곤거렸다.

풀이 죽은 목소리였다.

넘치는 불빛과 웃음소리에 지질린 아이들도 두말없이 그를 따라 창턱에 매달리기 시작했다.

때마침 한 계집아이가 머리에 흰 너울을 쓰고 춤을 추고 있었다.

창문에 늘어진 색종이 고리들이 화사한 색동저고리처럼 예쁜 저쪽에는 얼굴마다 웃음이 꽃피어 어우러지고, 사람들은 흥에 겨워 요란하게 박수를 쳤다.

계집아이의 춤이 끝난 모양이었다.

"우리 들어가서 볼까? 쫓아내면 도망가지 뭐. 밑져 봤자 본전 아니야?"

한 아이가 손이 시려서 더 못 보겠다고 땅으로 내려서며 말했다. 그는 손보다 발이 더 시렸다.

그래, 그러자.

아이들은 이미 구경에 홀린 데다가 너무 추워서 밖에는 더 있을 수가 없었던 것이다.

그러나 그것이 잘못이었다.

그들이 출입문 쪽으로 돌아갔을 때, 그 문간에는 꽃밭보다 화사한 신발들이 크고 작은 꽃송이처럼 피어 있었다. 어지럽게 흩어져 있기는 했지만, 그것은 얼마나 황홀하고 아름다운 빛깔이었던가.

빨강 신발, 파랑 운동화, 고무 구두, 털 장화, 농구화, 코빼기 고
무신.

이루 헤아릴 수도 없는 종류의 신발들이 갖가지 색깔로 흐드러
지는 문간의 신발 하나는 비죽비죽 발가락이 비어져 나온 검정
고무신이었다.

비가 오나 눈이 오나 그것 한 켤레로 버티며 견디어 온 신발.
한밤 내내 한데서 얼어 있다가 아침이면 학교 갈 때에야 겨우
발의 온기를 빼앗아 녹는 고무신.

진 땅을 한 번만 디디면 그만 젖어 버리는, 새는 고무신을 내려
다 보던 그는 순식간에 털장화 한 켤레를 품속에 감추었다.

그때였다.

별안간 안쪽에서 문이 벌컥 열리더니 한 남자가 막대기를 들고
쫓아 나왔다.

그것이 무슨 지휘봉 같은 것이었는지도 모르지만 그의 눈에는
그 막대기가 몽둥이로 보였다. 본능적으로 몸을 잽싸게 돌려
막 달아나려 할 때, 그는 "너희들 뭐야? 뭣하는 놈들이야? 왜
거기서 얼쩡거리구 그래? 어엉?" 하고 호통을 치는 것이었다.

그는 이미 저만큼 나무 그늘 속으로 튀어가 버렸는데, 남은 아
이들은 쭈밋거리며, 구경하려고 왔다는 말을 했다.

"어서 썩 가지 못해? 이놈들, 이제 보니까 보육원 놈들이로구나.

뭘 훔치러 와서 기웃거리는 게야? 어서 못 가?"

남자는 막대기를 휘둘러 아이들을 쫓아냈다.

"저놈들만 얼씬거렸다 하면 꼭 뭔가 없어진단 말이야. 눈 깜짝할 사이에 집어 가니 이 자식들이 크면 뭐가 될 건지 원. 이거 또 신발 집어 간 거 아니야? 야, 야, 너희들 일루 와 봐. 손바닥 펴 봐. 좌악 펴 보여 봐."

그래서 이미 달아난 그를 대신하여 뒤의 아이들만 검사를 받고 쫓겨 왔었다. 그러나 그는 그 신발을 끝내 신지 못하고 말았다. 이튿날까지 갈 것도 없이 그날 밤으로 교회의 남자가 보육원에 들이닥쳐, 장로님 아들의 털 장화가 없어졌는데 틀림없이 아까 왔던 아이들의 짓이니 기어이 조사를 해 보라고 종주먹을 대는 바람에, 공연히 다른 아이들까지 자다 말고 복도에 한 줄로 늘어서서 벌을 받으며, 그 알량한 소지품들을 낱낱이 털어 보고 뒤져 보고 법석을 떨었다.

물론 그는 털 장화를 방 안에까지 가지고 들어오지는 않았다. 들어오다가 보육원 담장 아래 짚 더미 밑에다 감춰 두었던 것이다.

내, 꼭 한 번만 신어 보고 다시 돌려주면 죄가 가지 않겠지. 그냥 발에다 꿰어 보기만 하고. 그는 그렇게 해 보면 소원이 없을 것 같았다.

하지만 이튿날 아무도 모르게 그 짚 더미를 들추어 보았을 때, 그곳에는 이미 털 장화가 없었다.

그때의 쓰라린 허전함은 그 후로도 오래오래 남아서 쉽게 지워지지 않았다. 그리고 문득 그 털 장화 생각이 떠오르면 무심코 교회에서 받았던 조그만 성경을 어루만져 보기도 하고 책갈피를 뒤적거려 보기도 했다. 그래서 손바닥만 한 성경에는 그의 무심한 손때가 조금씩 묻기 시작하였다. 그리고 그는 지금 이렇게 거짓말처럼 목사가 되어 이 천막 교회의 강단에 서 있는 것이었다.

아무도 쫓아내지 않으련만, 서러운 너희들, 불쌍한 동냥아치. 크리스마스를 맞이해도, 설날을 맞이해도, 오직 너희들을 위해서 이 천막 아래 따뜻한 불빛을 밝혀 주고 싶건만. 왜 나를 혼자 서 있게 하는 것이냐.

그는 속으로 부르짖었다.

─나는 다 버리고 왔는데……. 너희들은 빈 깡통 하나 들고 와서 여기에 앉는 일이 그렇게도 어렵단 말이냐. 너희는 그저 이 천막을 들추고 여기에 와서 내 앞에 앉기만 하면 되는데, 그것조차도 이다지 힘이 드는 일이란 말이냐. 오라는 곳이 있다는 행복을 맛본 일이 없는 너희들은, 그래서 거지일 수밖에 없는 것이다. 천대받고, 버림받고, 의심받고…….

그는 어금니를 물었다.

순간 이상하게도 천대받고, 버림받은 것은 이 언덕배기의 거지들이 아니라, 바로 초라한 자기 자신인 것만 같은 생각이 들었다. 그리고 자기야말로 그들을 향하여 "밥 한술 줍시요"가 아니라 "말씀 한마디만 들어 줍시요" 하며 애걸하고 있는 듯한 비참한 생각에 가슴이 오그라드는 것이었다.

─나는 아쉬운 것 하나도 없는데, 내가 여기 아니면 있을 곳이 없을까 봐 이러고 있는 줄 아느냐.

그는 더 이상 참지 못하고 주먹을 부르쥐며 눈을 치켜뜬다.

그의 눈빛에 새파랗게 날이 선다.

─무슨 음모가 있는 것은 아닐까? 그러지 않고서야 이럴 수가 있을까. 그동안 들고나며 구경이라도 다니던 신도가 한 사람은 있을 것인즉 이것은 반드시 음험한 훼방꾼의 수작이 분명하다. 내가 설령 목회를 못 하게 되는 한이 있을지라도, 기어이 이런 못된 훼방꾼은 찾아내고야 말 것이다.

그는 꼭 추워서만이 아니라 가슴속부터 부들부들 떨리는 것을 겨우 누르며 드디어 예배를 포기한다. 그리고 강대상 위에 놓인 성경과 설교문을 더듬더듬 챙긴다. 그의 손가락 끝은 이미 나무토막이 되어 있었다.

배반.

참으로 이러한 때 적합한 말로는 그것밖에 없었다.

—배반을 당했다. 너희들한테서 그리고 나 자신한테서.

그는 묵묵히 책 꾸러미를 옆구리에 끼고 얼어붙은 예배당을 가
로질러 문간까지 뚜벅뚜벅 걸어 나갔다. 다시는 이 걸음으로 이
곳을 걸어 들어오지 못할 것 같은 무거운 걸음이었다.

누군가의 손등이 자신의 등짝을 떠밀어 내고 있는 것을 그는
느꼈다.

그는 천막을 들추고 나가기 전에, 자신이 서 있던 강단 쪽을 바
라보았다. 이제 자신마저 나가고 나면 이 천막 교회는 텅 비어
버리고 말 것이었다.

그의 가슴으로 세찬 바람이 몰아쳐 불어왔다.

이가 마주치게 매운 바람이었다.

"아이고…… 목사님…… 아직 계셨구만요. 저는 안 계시면 어
쩌나 하고요."

그의 등 뒤에서 숨이 턱에 닿은 아낙의 말소리가 가쁘게 들렸다.

그는 놀라서 돌아서며 "누구시오?" 하고 날카롭게 물었다.

목사가, 교회에 들어온 사람에게 묻는 말로는 도무지 적당하지
않은, 가시 돋친 질문이었다.

아낙은 두 손에, 신문지를 덮은 무엇인가를 받쳐 들고 있었는
데, 벌겋게 얼어 터진 손등에 불긋불긋 반점이 돋아 그것을 감

추노라고 낡은 옷자락을 끌어당겼다.

"많이 기다리셨지요……."

"누구를 말이오?"

아낙은 더욱더 죄송스러운 듯 허리까지 숙이면서 어쩔 줄을 몰라 했다. 그러나 그가 아낙에게 부드러운 말을 하기에는 너무나 오랜 시간 동안 그는 혼자서 사람을 기다리고 있었던 것이다.

"저…… 목사님."

"말씀하세요."

어쩌면 이 아낙은, 오늘의 흉계에 대하여 무엇인가를 알고 있을지도 모른다. 그리고 그것을 귀띔해 주려고 이렇게 늦게나마 나타난 것일지도.

"오늘…… 실망이 몹시 크셨지요?"

그는 아무런 대답도 하지 않는다.

그 대신 아낙을 쏘아보았다.

"오늘이 마침 설날이라서요. 신정하고 주일이 겹치는 바람에, 그만 아무도 못 나왔구만요."

별일을 다 보겠다.

빌어먹는 주제에 그 잘난 조상들한테 거창한 차례상을 올리느라 바빴단 말인가. 아니면 벌족이 대단한 일가 친척 대소가의 아이 어른이 한자리에 모여 잔치라도 하느라 분주하단 말인가.

그도 아니면 끼리끼리 모여서 세배하러 다니느라 정신이 없단 말인가.

그는 자칫 터져 나오려는 말들을 삼켜 넘긴다.

"죄송합니다. 그저 교회라고도 할 수 없는 천막 하나 두르고, 저희들끼리 앉아서 찬송가 얼어들은 곡조로 한 절 부르면서도, 주일이면 예배도 드리고요, 때 묻은 동전으로 연보도 바치고 그랬었는데요. ……누가 저희들 같은 천한 동냥아치들한테 성경 말씀을 가르쳐 주러 오시기나 하는가요. ……그냥 어쩌다가 신학생들이 일 년에 한 번 오다 말다 봉사해 주는 것이 고작이었지요. 어디 다른 동네 교회에는 갈 수도 없고요. 우리가 동냥아치인 것을 아니까요. ……그러다가 목사님이 오신다고 다들 좋아서…… 정말인가 어쩐가 공연히 천막 속을 기웃거리고, 들여다보기도 하고, 언제 오시느냐고 몹시 벼르기도 했지요. ……그런데 하필이면 오늘이 설날이라서요. ……온 동네 사람들이 젖먹이만 빼놓고는 병든 노인들까지도 모두들 밥 얻으러 나갔구만요. ……다른 때는 문도 안 열어 주던 집들도 명절날에는 불쌍하다고 먹을 것을 많이 주거든요. 설날은 좋은 날이라 별로 구박을 안 한답니다. 하루 온종일 돌아댕기면 오래간만에 밥을 많이 얻어 오지요. ……떡도 먹을 수 있고요. 집집마다 내버리는 음식들도 다른 때보다 많거든요. 저희 동냥아치들은 오늘

하루가 일 년 중에서 제일 배부른 날이랍니다."

아낙은 조심조심 말을 맺더니 기어드는 목소리로, "부끄럽습니다. 목사님" 하고 고개를 떨어뜨렸다.

아니요.

아닙니다.

그는 목울대를 치밀고 올라오는 뜨거운 덩어리를 삼킨다.

―부끄러운 것은 오히려 이 사람이오.

그러더니 아낙은 두 손에 받쳐 들고 있던 신문지를 그에게 내밀었다.

"그냥 제 정성이니 받아 두시면…… 꼭 안 잡수셔도 괜찮아요……. 아까 저도 이른 새벽부터 한 바퀴 돌았는데 아무래도 목사님 심정이 상처를 입으셨을 것 같아서요……. 그냥 대충 돌고 부리나케 올라왔구만요."

그는 엉겁결에 아낙이 내미는 신문지를 받았다. 그러나 그것은 신문지가 아니라 우그러진 알루미늄 쟁반이었다.

"인절미예요. 언짢게 생각하지는 마셔…… 아까…… 깨끗한 댁에서 깨끗한 음식을 주시기에…… 목사님 드리려고 따로 싸서…… 목사님…… 죄송합니다……. 마음으로는 그저 무엇이라도 좀 드렸으면 얼마나 좋겠구마는…… 저희들 주제가 이뿐이라서요. 용서하시고 받아 주세요."

아낙은 금방이라도 눈물을 쏟을 것만 같았다.

아니 오히려 아낙보다 그의 가슴에 뭉클 눈물이 뭉친다.

그는 그것을 들키지 않으려고 신문지를 젖혔다.

노란 콩고물이 곱게 묻은 인절미가 소담스럽게 보였다.

"잘 먹겠습니다."

그때였다.

열 몇 살이나 되었음 직한 어린아이가 비탈을 뛰어오르며 부르
는 명랑한 노랫소리가 방울같이 울려 왔다.

까아치 까치 설나알은 어저께고요,

우리 우리 설나알은 오늘이래요오.

그는 미소를 머금고 아낙을 바라보았다. 그네의 눈에도 웃음이
고여 있었다.